Bibliografische Information der Deutschen Nationalbibliothek:

Die Deutsche Nationalbibliothek verzeichnet diese Publikation in der Deutschen Nationalbibliografie; detaillierte bibliografische Daten sind im Internet über http://dnb.d-nb.de abrufbar.

Impressum:

Copyright © 2014 ScienceFactory

Ein Imprint der GRIN Verlags GmbH

Druck und Bindung: Books on Demand GmbH, Norderstedt, Germany

Coverbild: pixabay.com

Qigong –
Alternative Heilmethode und
neuer Therapieansatz

Inhalt

Qigong im Alter von Christian Kunow 2012 5
    Einleitung 6
    Qigong als Anwendungsgebiet für ältere Menschen 7
    Qigong für Krankheiten des Herz-Kreislauf-Systems 11
    Fazit 15
    Literatur 17

Qigong mit geistig behinderten Schülern. Das Spiel der Tiere nach Prof. Jiao Guorui von Anne Merz 2010 19
    Geistige Behinderung - Was bedeutet dieser Begriff? 20
    Schulgesetz für Schulen mit dem Förderschwerpunkt ganzheitliche Entwicklung 20
    Eigene Erfahrungen 21
    Methodik und Didaktik 23
    Qigong-Übungen 24
    Literatur 37

Qigong in der Suchttherapie. Mertens' Modell zur Suchtentstehung und -therapie. Biophotonenforschung von Angela Kowsky 2005 38
    Einleitung 39
    Das „offene System Mensch" nach MERTENS 44
    MERTENS' Modell der Suchtentstehung 51
    Der abhängige Mensch 65
    Qigong 72
    Traditionelles chinesisches Denken im Licht der Biophotonentheorie 81
    Wirkzusammenhänge 82
    Zusammenfassung 98
    Ausblick und Hoffnungen 100
    Anhang 101
    Literatur 104

Einzelbände 109

Qigong im Alter
von Christian Kunow
2012

Einleitung

Die fortschreitende demografische Entwicklung, bei der der Anteil der älteren Bevölkerung immer weiter zunimmt, führt dazu, dass sich die medizinischen Aufgaben qualitativ und quantitativ verschieben.[1] Für ältere Menschen ist typisch, dass sie nicht nur eine Krankheit haben, sondern unter einer Vielzahl von Erkrankungen (Multimorbidität) leiden. Dazu kommen eine überdosierte Medikation und eine psychosoziale Isolation. Dies kann akute Krankheiten verursachen.[2] Häufig im Alter vorkommende Krankheiten sind die des Bewegungsapparates. Solche Krankheiten können dazu führen, dass ältere Menschen in ihrer Mobilität eingeschränkt sind, die Mobilität sogar verlieren und sie dadurch in ihrem Zuhause gefangen werden und vereinsamen. Daneben lassen die kognitiven sowie sensorischen Leistungen nach. Zusammen mit anderen Krankheiten entsteht ein Merkmalskomplex aus Immobilität, Inkontinenz, intellektueller Abbau und Instabilität. Die vier „I's" der Geriatrie verstärken sich gegenseitig und bedrohen die letzten Lebensjahre älterer Menschen.[3]

Die Frage ist nun, mit welchen therapeutischen Maßnahmen diesen Problemen begegnet werden kann? Von einer herkömmlichen kurativen und diagnosebetonten Therapie sollte Abstand genommen werden. Im Mittelpunkt der Therapie steht die Aufrechterhaltung der Funktion und nicht die Wiederherstellung und Heilung. Funktionelle Einschränkungen von älteren Menschen sind reversibel oder können zumindest kompensiert werden. Eine mögliche Lösung stellt die chinesische Heilkunst Qigong dar. Als komplementärer selbsttherapeutischer Ansatz kann Qigong Einschränkungen lindern oder gar beheben.[4]

Die vorliegende Arbeit untersucht zunächst, inwieweit Qigong eine sinnvolle Methode für das Anwendungsgebiet für ältere Menschen ist. Danach wird Qigong auf ausgewählte Krankheiten des Herz-Kreislauf-Systems, die für Ältere typisch sind, bezogen. Ein Fazit rundet die Arbeit ab.

---

[1] Vgl. Statistisches Bundesamt 2003 zit. in: Zumfelde-Hüneburg 2007, S. 317.
[2] Vgl. Zumfelde-Hüneburg 2007, S. 317.
[3] Vgl. Basler et al. 1999 zit. in: Zumfelde-Hüneburg 2007, S. 317.
[4] Vgl. Zumfelde-Hüneburg 2007, S. 317.

Qigong als Anwendungsgebiet für ältere Menschen[5]

Allgemeines zur Durchführung

Der Raum, in dem Qigong ausgeübt wird, sollte entweder ebenerdig oder zumindest mit einem Aufzug zu erreichen sein. Im Übungsraum haben ausreichend Hocker und Stühle zu stehen. Damit können auch ältere Teilnehmer mit körperlichen Einschränkungen und die nicht in der Lage sind zu stehen, Qigong im Sitzen durchführen. Die Teilnehmerzahl der Gruppe sollte zwischen zehn und zwölf Personen liegen. Somit kann der Übungsleiter leichter die Probleme jedes Teilnehmers erkennen und darauf individuell eingehen. Der Übungsleiter hat eine einfache, klare und laute Artikulation zu finden, damit auch Teilnehmer, die eine nachlassende Hörfähigkeit haben, ihm akustisch folgen können. Er sollte sich stets vergewissern, ob er von den Teilnehmern verstanden wird.[6]

Besonderheit der Atmung

Beim Qigong ist die Natürlichkeit der Atmung wichtig. Ein ungestörtes und natürliches Atmen, das als lang, tief, gleichmäßig, fein und sanft zu beschreiben ist, hat einige Vorteile. Es gewährleistet die Erwärmung der Atemluft in der Nase, nutzt die Kapazität der Lungen aus und vergrößert die Schwingungsweite der Zwerchfellbewegungen, was eine sanfte Massage der Bauchorgane bewirkt. Tiefe Atemzüge führen im Gegensatz zu einer flachen Atmung dazu, dass die Atemluft gleichmäßiger in den Lungen verteilt wird. Dazu kommt eine bessere Ventilation der Lungenbläschen (Alveolen). Bei älteren Menschen kann „air trapping" vorliegen, bei dem manche Lungenareale nicht mehr Atemluft austauschen können. Die Gefahr einer Lungenentzündung wird größer. Daher ist es umso bedeutender, dass ältere Menschen bei der Ausübung des Qigong auf die Natürlichkeit ihrer Atmung achten, um dem „air trapping" vorzubeugen.[7]

---

[5] Einen vertieften Einblick in Qigong-Übungen für ältere Menschen gibt Blum (2006, S. 241ff).

[6] Vgl. Zumfelde-Hüneburg 2007, S. 322f.

[7] Vgl. Zumfelde-Hüneburg 1994; Zumfelde-Hüneburg/Hüneburg 1996; Zumfelde-Hüneburg 2007.

Vier „I's" der Geriatrie

Instabilität

Qigong eignet sich für die Stärkung der Stabilität des Körpers und des Gleichgewichtssinns. Die langsamen Bewegungen der Übungen verbessern die Wahrnehmung der verschiedenen Körperpositionen. Bestandteil und Prinzip jeder Übung ist die Entwicklung der unteren Festigkeit: also mehr Bodenständigkeit. Die Kraft, die im unteren Körperbereich (Yin) entspringt, entfaltet sich in dem oberen Körperbereich (Yan) nach oben. Der untere Körperteil soll fest mit dem Boden verbunden sein (Erdung, Verwurzelung) und sich kraftvoll anfühlen, der obere Körperteil dagegen locker, leicht und leer. Das konsequente Üben des Stehens und Abrollens der Füße bewirkt eine Veränderung der Fußstatik. Dies führt zu einer verbesserten Abfederung, aus der eine Veränderung der Muskulatur des Bewegungs- und Halteapparates und in der Folge eine bessere Aufrichtung des Körpers resultieren kann. Zudem kann das Üben der Aufrichtung des Rumpfes und speziell der Wirbelsäule die Bewegungskoordination und Körperstatik verbessern. So können alte und in den Jahren eingefahrene, konservierte Halte- und Bewegungsmuster verändert werden.[8]

Nach der chinesischen Medizin wird die ursprüngliche Lebenskraft in der Niere gespeichert. Die Niere ist dabei eng mit bspw. den Beinen und Füßen verbunden. Ein Nachlassen der Lebenskraft führt zur Schwächung dieser Bereiche und zu Funktionseinbußen in allen anderen Bereichen. Einige Übungselemente dienen dazu, dies zu verhindern und ein festes Fundament zu entwickeln. Dazu zählen u.a. die Vorstellung eines festen Stehens auf der Erde wie ein fest verwurzelter Baum sowie das Einnehmen einer Körperhaltung mit leicht gebeugten Knien, wobei die Gesäßkraft nach unten gerichtet ist. Es gilt dabei die Vorstellung zu gewichten: die nach unten gerichtete Vorstellung mit 70 Prozent und die nach oben gerichtete Vorstellung mit 30 Prozent zu üben. Zusammen mit der Wahrnehmungsschulung in Beinen und Füßen fördern die Übungen des Qigong die Stabilität älterer Menschen. Zugleich dienen die Übungen indirekt als Sturzprophylaxe.[9] Sie können die Koordinationsfähigkeit fördern, die Stützfunktion des Bewegungsapparates verbessern und somit die Sturzgefahr verringern.[10]

---

[8] Vgl. Plötz 2006, S. 179; Zumfelde-Hüneburg 2007, S. 318; dazu auch Düwal 2006, S. 263.
[9] Vgl. Zumfelde-Hüneburg 2007, S. 318f.
[10] Vgl. Plötz 2006, S. 178.

Immobilität

Ältere Menschen leiden aus verschiedenen Gründen unter Immobilität, die mit dem älter werden immer weiter zunimmt. Zu den Ursachen gehören u.a. Übergewicht und chronische Schmerzen im Bewegungsapparat. Lediglich die zum An- und Auskleiden, Essen, Waschen, Hausarbeiten etc. benötigten Bewegungsabläufe werden noch ausgeführt. Die allgemeine Leistungsminderung älterer Menschen kann auf das Fehlen adäquater Belastungsanreize zurückgeführt werden. Zwar treten im natürlichen Alterungsprozess bspw. Muskelatrophie und eine geringere Beweglichkeit auf, die unvermeidbar sind. Der Prozess lässt sich jedoch durch sportliche Betätigung erheblich verlangsamen. Aber Ältere ziehen die Bequemlichkeit und die körperliche Inaktivität vor. Sie betrachten es als Entspannung und Erholung.[11] Ihre innere Haltung, die sie nach außen kommunizieren, sagt einen körperlichen Verschleiß und Verbrauch aus.[12]

Übungen des Qigong tragen dazu bei, die Beweglichkeit zu verbessern, die Ausdauer zu steigern, die Körperwahrnehmung zu schulen und Koordination und Kraft besonders in den unteren Extremitäten zu entfalten und zu stärken.[13] Qigong fügt sich daneben in das multimodale Konzept der Schmerztherapie ein. Die Übungen können Bestandteil nichtinvasiver und nichtmedikamentöser Schmerztherapie sein.[14] Außerdem regt regelmäßiges Qigong das Wachstum von Knochenzellen an. Dies wiederum bewirkt eine Verbesserung der Knochenstabilität und -flexibilität in den trainierten Bereichen. Qigong eignet sich demnach zur Osteoporoseprophylaxe.[15]

Intellektueller Abbau

Vergesslichkeit und Konzentrationsmängel nehmen mit dem Alter zu. Geistige Fitness und geistige Leistungsfähigkeit sind aber nicht vom Alter abhängig, sondern vom geistigen Training. Aus der hirnphysiologischen Forschung ist bekannt, dass zwischen Körper, Geist und Seele eine Wechselwirkung besteht. So fördert körperliche Aktivität die geistigen Fähigkeiten. Hirntraining aktiviert und vitalisiert umgekehrt den Körper. Qigong-Übungen sprechen neben der kör-

---

[11] Vgl. Zumfelde-Hüneburg 2007, S. 319.
[12] Vgl. Plötz 2006, S. 178.
[13] Vgl. Plötz 2006, S. 178ff; Zumfelde-Hüneburg 2007, S. 319f.
[14] Vgl. Zumfelde-Hüneburg 2004 zit. in: Zumfelde-Hüneburg 2007, S. 320; auch in Plötz 2006, S. 179.
[15] Vgl. Plötz 2006, S. 179f.

perlichen auch die geistige Ebene an. Sie erhöhen die allgemeine Lernfähigkeit und entsprechen einem ganzheitlichen Gedächtnistraining. Dabei werden Kreativität, Fantasie, assoziatives Denken, Merkfähigkeit, Konzentration, Wahrnehmung und Entspannung angesprochen.[16]

Qigong beinhaltet aktive Übungen unter der kontrollierenden, steuernden und leitenden Funktion des Geistes. Bei den Übungen des Qigong verkörpert der Körper die Basis, der Geist gilt als Anführer. Unter dem Begriff Geist werden alle geistigen Aktivitäten zusammengefasst. Er versteht sich als konstellierende Kraft. Der Geist leitet die Übungen in verschiedenen Ebenen an: als betrachtende Aufmerksamkeit, als Vorstellungskraft, als Gedanken oder als Bewusstsein.[17]

Inkontinenz

Ältere Menschen können unter Inkontinenz leiden. Die beim Qigong ständig wiederholende Anspannung der Beckenbodenmuskulatur kann nach längerem Üben zur Inkontinenzvorbeugung beitragen. Im Qigong sind drei schließende Kräfte ein Hauptbestandteil der Übungen: die Kraft der Knie, die Kraft des Beckens und die Kraft in den Schultern. Die schließende Kraft des Beckens stellt man sich so vor, dass sich die Hüftgelenke und die Beckenschaufeln nach vorne ein wenig zu einem Rund schließen. Dabei geht man von der Vorstellung aus, dass das Becken mit einem Tuch umschlungen und der Unterbauch geringfügig eingezogen sei. Zudem werden die unteren Körperöffnungen leicht geschlossen. Man stellt sich vor, das Becken ist ein Gefäß, aus dem keine Flüssigkeit entweichen dürfte.[18]

Persönliche Erfahrungen von älteren Praktizierenden

Die von Düwal beschriebenen Erfahrungen von drei Personen, die zwischen 73 und 87 Jahre alt sind und seit über drei Jahren in einer Gruppe von acht Teilnehmern Qigong praktizieren, vermitteln ein positives Bild des Qigong. Alle drei Personen übten täglich. Aufgrund des selbstständigen Übens sammelten sie wertvolle Erfahrungen.[19]

---

[16] Vgl. Zumfelde-Hüneburg 2007, S. 320f.
[17] Vgl. Zumfelde-Hüneburg 2007, S. 321.
[18] Vgl. Zumfelde-Hüneburg 2007, S. 321.
[19] Vgl. Düwal 2006, S. 263.

Gerda Z., 87 Jahre alt, war zu Beginn der Übungspraxis unruhig und überaktiv. Zudem fiel es ihr schwer, die Vorstellungskraft im unteren Körperbereich aufzubringen, da sie ihre Gedanken nicht ordnen konnte. Mit der Übung „Sitzen wie eine Glocke" erreichte sie eine innere Ruhe und eine tiefe Atmung. Nach dieser Übung fühlte sie sich gestärkt und ausgeruht. Sie fand das richtige Verhältnis von Spannung und Entspannung und sie bekam ein Gefühl für die Körperhaltung. Sie lernte, ihre Lebenskraft zu bewahren.[20]

Hanna K., 81 Jahre alt, übte Qigong ohne ein vorgegebenes Konzept. Mit dem obersten Prinzip des Qigong, dem Üben nach den Naturgesetzen, konnte sie ihre inneren Körperfunktionen besser koordinieren. Damit wurden den Körper stärkende und heilende Wirkungen erzielt. Da sie morgens vor dem Aufstehen übte, verbesserten sich die Blut- und Lymphzirkulation und die Muskelkoordination. Seit Beginn des Übens ist sie beweglicher, hat ein anderes Lebensgefühl und geht besser mit Stresssituationen um.[21]

Ruth F., 73 Jahre alt, begann Qigong mit dem Ziel, ihren Gesundheitszustand zu verbessern und sich nicht aufzugeben. Die Übungen fielen ihr spontan ohne nachzudenken ein. Besonders angenehm empfand sie die Übung des „Kranichs", wo die Bewegungen eine lockere Ausdehnung und Leichtigkeit besaßen. Es kam zu einer pulsierenden Wärme im Kreuzbeinbereich, die sie tief und frei aufatmen ließ. Ihr Brustraum entspannte sich.[22]

Qigong für Krankheiten des Herz-Kreislauf-Systems[23]

Dem Qigong wird in vielen Bereichen eine positive Wirkung zugeschrieben. Neben den Bereichen der Lunge und der Atemwege, des Immunsystems, des Nervensystems[24] und des bereits thematisierten Bewegungsapparates, hat Qigong eine positive Wirkung auf das Herz-Kreislauf-System. Erkrankungen des Herzens sowie des Kreislaufs sind typisch für ältere Menschen. Sie leiden z.B. unter Hypertonie, Hypotonie oder Koronaren Herzerkrankungen.

---

[20] Vgl. Düwal 2006, S. 263f.
[21] Vgl. Düwal 2006, S. 264.
[22] Vgl. Düwal 2006, S. 265.
[23] Zu Beschwerden und Krankheiten im Alter im Bezug zur allgemeinen chinesischen Medizin gibt der Sammelband von Noll/Ziegler (2006) Auskunft.
[24] Zu den Wirkungen des Qigong in diesen Bereichen ausführlich Plötz 2006, S. 181ff.

Hypertonie

Bluthochdruck (Hypertonie) entsteht dadurch, dass die obere Körperhälfte energetisch überladen und die untere Körperhälfte energetisch geschwächt ist. Für die Überladung im oberen Körperbereich ist das Yang des Funktionskreises (FK) Leber verantwortlich. Das Yang schlägt dabei aufgrund von Wind, Glut oder Hitze unkontrolliert empor. Für die Schwäche des unteren Körperbereichs ist das Xue oder Yin des FK Leber und/oder des FK Niere ursächlich. Der FK Leber und der FK Niere reichen als Widerlager nicht mehr aus, was zur Folge haben könnte, dass das Yang des FK Herz oder des FK Leber überhand nimmt. Die FK der oberen und der unteren Körperhälfte verursachen der Hypertonie zuzuschreibenden Symptome wie z.B. Kopfschmerzen, Schwindel, Ohrgeräusche etc.[25]

Der therapeutische Ansatz des Qigong umfasst unter anderem das Besänftigen und Absenken des Yang des FK Leber. Zudem beinhaltet der Ansatz das Stützen des Xue oder des Yin des FK Leber als Widerlager zum Yang. Die FK der Mitte, der FK Milz und der FK Magen sind zu kräftigen, falls eine Schleimbelastung dies ergänzt. Außerdem gehört zum Ansatz des Qigong das Beruhigen geistiger Kräfte und das Sedieren des FK Herz.[26]

Für die Therapie gegen Bluthochdruck sind besonders die Qigong-Übungen geeignet, die Ruhe und Ausgewogenheit vermitteln und keine dynamisierende Wirkung aufweisen. Dazu zählen auch solche Übungen, die den Grundsatz „Oben leer, unten fest" beachten. Die Ausführung der Übungen sollte den sinkenden Elementen Aufmerksamkeit geben. Damit wird das Yang des FK Leber besänftigt und abgesenkt sowie die geistigen Kräfte beruhigt. Bei den Übungen sind die Arme maximal auf Schulter- oder Brusthöhe zu heben. Zudem darf der Rumpf nicht zu weit nach vorne gebeugt werden, so dass der Kopf über die Taillenhöhe kommt.[27]

Die **„Kranich-Übungen"** haben stark den Grundsatz „Oben leer, unten fest" integriert, da sich die Bewegungen nur langsam von unten nach oben entwickeln und wieder zurückkehren. Von der Übung **„Sechs Laute"** ist der Laut *xu*, der dem FK Leber zugeordnet ist, und der Laut *ke*, der dem FK Herz zugehörig ist, empfehlenswert. Die Laute sind erst dann zu üben, wenn in der unteren Körper-

---

[25] Vgl. Engelhardt/Zumfelde-Hüneburg 2007, S. 103f.
[26] Vgl. Engelhardt/Zumfelde-Hüneburg 2007, S. 104.
[27] Vgl. Engelhardt/Zumfelde-Hüneburg 2007, S. 104.

hälfte eine bestimmte Festigkeit vorhanden ist. Die „**Übungen im Gehen**" können den gleichmäßigen, freien Fluss des Qi gewährleisten und somit das Yang des FK Leber besänftigen. Zudem sind Entspannungsübungen zu empfehlen, wie z.b. die „**Drei-Linien-Übung**", die dazu ausgerichtet sind, das Qi abzusenken.[28]

Hypotonie

Grundsätzlich liegt bei Hypotonie eine energetische Schwäche vor. Die Schwäche kann drei Bereiche betreffen: das Qi und Xue des FK Milz und des FK Magen (= FK Mitte), das Qi oder Yang des FK Herz und/oder das Yang des FK Niere. Die FK verursachen die typischen Symptome der Hypotonie wie z.b. Kältegefühl, blasser Teint, Kurzatmigkeit, Müdigkeit, allgemeine Schwäche, erschöpfter oder tiefer Puls, Schweiß, verminderter Appetit etc.[29]

Der therapeutische Ansatz des Qigong beruht darauf, dass die FK Mitte (FK Milz und der FK Magen) gestützt werden sollen, um so das Qi und Xue hervorzubringen. Zudem werden das Qi bzw. Yang des FK Herz gestärkt. Damit soll ihre Entfaltung gewährleistet werden. Hinzu kommt das Kräftigen des Yang des FK Niere, um den Erhalt der stützenden und wärmenden Funktion von unten zu ermöglichen.[30]

Es sind besonders die Qigong-Übungen geeignet, die zum einen den sammelnden und zuführenden Aspekt betonen und zum anderen zur notwendigen Entfaltung von Qi und Xue beitragen. Wenn der sammelnde und zuführende Aspekt im Vordergrund steht, ist mit Übungen zur Sammlung der Vorstellungskraft oder mit einfachen Entspannungsübungen zu beginnen. Diese werden im Sitzen oder Liegen ausgeführt. Am Anfang der Übungen sollten aber solche im Sitzen vorgezogen werden. Übungen in Ruhe sind nicht empfehlenswert, da sie die Hypotonie verschlimmern können. Eine ideale Balance zwischen Ruhe und Bewegung liefern die „**Acht-Brokat-Übungen**" im Sitzen. Für Übungen in Bewegung eignen sich insbesondere die ersten drei Formen aus dem „**Spiel der Fünf Tiere**" im Sitzen, die „**Acht-Brokat-Übungen**" im Stehen oder die „**Kranich-Übungen**" im Sitzen.[31]

---

[28] Vgl. Engelhardt/Zumfelde-Hüneburg 2007, S. 104f.
[29] Vgl. Engelhardt/Zumfelde-Hüneburg 2007, S. 99f.
[30] Vgl. Engelhardt/Zumfelde-Hüneburg 2007, S. 100.
[31] Vgl. Engelhardt/Zumfelde-Hüneburg 2007, S. 100.

Mit den „**Kranich-Übungen**" lässt sich durch die Möglichkeit der gezielten sammelnden und zuführenden Ausführung so eine gute Basis schaffen, dass im Anschluss eine betonte Entfaltung nach oben möglich werden kann. Von der Übung der „**Sechs Laute**" ist besonders der Laut *hu*, der den FK Milz und Magen zuzuordnen ist, der dem FK Herz entsprechende Laut *ke* und der dem FK Niere zugeordnete Laut *chuyu* empfehlenswert. Erst ab einer gewissen Festigkeit im unteren Körperbereich sollten die Laute geübt werden. Bei der Übung der Laute sind die sammelnden und zuführenden Aspekte zu betonen. Die Ein- und Ausatmung sollte gleich lang sein und der Laut leise bis lautlos geübt werden. Damit Qi und Xue ausreichend nach oben entfaltet werden können, das Yang dynamisiert und der Körper erwärmt wird, sind die „**Acht-Brokat-Übungen**" im Stehen geeignet. Mit diesen Übungen können die FK Milz und Magen aufeinander abgestimmt, das Yang des FK Milz nach oben entfaltet, das Feuer des FK Herz vertrieben, das Yang des FK Niere gestärkt und der FK Niere und die Hüfte gestützt werden.[32]

Koronare Herzerkrankungen

Koronare Herzerkrankungen werden in der chinesischen Medizin in folgende Kategorien unterteilt: Qi-Blockaden im Thoraxbereich, Brustschmerzen, Qi-Obstruktion des Herzens, Schmerzen aufgrund von Zurückweichen des FK Herz und echte Herzschmerzen. Sie zeichnen sich durch Blockaden des Qi und Xue aus, die mit Kälte und Schleim einhergehen. Möglich ist zudem eine energetische Schwäche des Yin der FK Niere und Herz oder des Yang der FK Herz und Milz. Ursachen von Koronaren Herzerkrankungen können neben Kälte, Schleim und Unausgewogenheit der Emotionen auch das Alter des Yang des FK Herz sein. Typische Symptome sind Schmerzen auf der Brust, Beklemmungsgefühl, Schweregefühl auf der Brust, Kurzatmigkeit, Schlafstörungen etc.[33]

Der therapeutische Ansatz fußt in der Dynamisierung des Qi- und Xue-Flusses und der Auflösung der Stasen. Das Yang der FK Niere, Herz und Milz wird erwärmt oder das Yin der FK Niere und Herz werden gestützt. Unter Umständen muss das Yang des FK Leber abgesenkt und besänftigt werden. Die FK Milz

---

[32] Vgl. Engelhardt/Zumfelde-Hüneburg 2007, S. 101.
[33] Vgl. Engelhardt/Zumfelde-Hüneburg 2007, S. 108.

und Magen sind zu kräftigen, falls eine Belastung durch Schleim vorliegt. Der Schleim soll ausgeleitet und umgewandelt werden.[34]

Falls eine energetische Schwäche im Vordergrund steht, ist mit Übungen zur Sammlung der Vorstellungskraft oder mit einfachen Entspannungsübungen anzufangen, die sitzend oder liegend durchzuführen sind. Die **„Kranich-Übungen"** können mittels absenkender und anhebender Armbewegungen die FK Niere und Milz stärken und die Durchgängigkeit der Leitbahnen in den Armen und in der Brust unterstützen. Von den Übungen der **„Sechs Laute"** ist der dem FK Herz zugeordneten Laut *ke* und der dem FK Niere zugeordneten Laut *chuyu* empfehlenswert. Es ist sinnvoll, alle sechs Laute zu üben und im Anschluss daran gezielt die Laute *ke* und *chuyu* zu widerholen. Die Übungen aus dem **„Spiel des Bären"** des **„Spiels der Fünf Tiere"** bieten eine gute Balance zwischen Stützen der FK Niere, Herz und Milz und Bewegung. Bei einer wenig körperlichen Belastung werden Qi und Xue bewegt und die Armbewegungen im mittleren Körperbereich ausgeführt.[35]

Fazit

Das Alter ist kein Grund, um auf Qigong-Übungen mit dem Ziel der Wiederherstellung der Gesundheit oder der Gesunderhaltung zu verzichten. Wenn die Übungen in der richtigen Art und Weise praktiziert und ihre Prinzipien beachtet werden, können eine Reihe von positiven Veränderungen des Körpers bewirkt werden.[36]

Gerade für ältere Menschen stellt Qigong eine Möglichkeit dar, um das eigene Sein und Veränderungen, die mit dem älter werden verbunden sind, zu beeinflussen und um den Gesundheitszustand zu verbessern. Voraussetzung ist aber, dass bei den Älteren sportliche Aktivität und Motivation vorhanden sind. Die mit den Qigong-Übungen gemachten Erfahrungen und das Erleben des eigenen Körpers, der eigenen Beweglichkeit und Kraft steigern das Ich-Gefühl und die eigene Sicherheit.[37]

---

[34] Vgl. Engelhardt/Zumfelde-Hüneburg 2007, S. 108.
[35] Vgl. Engelhardt/Zumfelde-Hüneburg 2007, S. 109.
[36] Vgl. Düwal 2006, S. 263.
[37] Vgl. Plötz 2006, S. 192.

Qigong kann dabei helfen, die Lebendigkeit sowie die geistige und körperliche Beweglichkeit älterer Menschen zu fördern. Die beim Qigong praktizierten fließenden Bewegungen lösen Erstarrungen und Verspannungen. Bereiche des Körpers, die unbelebt und erschlafft waren, werden vom Qi durchströmt und können sich dadurch erwärmen, besser empfunden und in das eigene Körperbild integriert werden. Die Lust, sich zu bewegen, sich auszudrücken und zu leben, wird angeregt.[38]

Die Ausübung des Qigong in der Gruppe fördert den Kontakt mit anderen und holt die Älteren aus der Isolation. Die Übungen können verändert und für verschiedene Situationen angepasst werden. Damit kann in jedem gesundheitlichen Zustand Qigong ausgeübt werden. Es ist festzuhalten, dass Qigong das seelische und körperliche Wohlbefinden positiv beeinflusst, was dazu verhelfen kann, ein hohes Alter zu erreichen.[39] Durch das Zusammenwirken der beim Qigong geübten Trainingsaspekte Entspannung, Ausdauer, Kraft, Koordination, Beweglichkeit, Geschwindigkeit, Dehnung und Reaktion kann die Fitness und die Gesundheit bis ins hohe Alter erhalten werden.[40]

---

[38] Vgl. Zumfelde-Hüneburg 2007, S. 323.
[39] Vgl. Zumfelde-Hüneburg 2007, S. 323.
[40] Vgl. Plötz 2006, S. 177.

Literatur

Basler, H.-D./Grassl, C./Griessinger, N./Heinrich, R./Nehen, H.G./Siegel, R. (1999): Schmerz im Alter Band 1: Grundlagen der schmerztherapeutischen Versorgung älterer Menschen. Lukon: Puchheim.

Blum, U. (2006): Übungen des Qigong – das Werkzeug des weisen Menschen. In: Noll, A./Ziegler, B.: Der ältere Patient in der chinesischen Medizin. Elsevier: München, S. 241-261

Düwal, H. (2006): Qigong in der Geriatrie – Aufrichtung und Beweglichkeit im Alter. In: Noll, A./Ziegler, B.: Der ältere Patient in der chinesischen Medizin. Elsevier: München, S. 263-267

Engelhardt, U./Zumfelde-Hüneburg, C. (2007): Erkrankungen des Herzens und des Kreislaufs. In: Engelhardt, U./Hildenbrand, G./Zumfelde-Hüneburg, C.: Leitfaden Qigong. Gesundheitsfördernde und therapeutische Übungen der chinesischen Medizin. Elsevier: München, S. 99-111.

Noll, A./Ziegler, B. (2006): Der ältere Patient in der chinesischen Medizin. Elsevier: München

Plötz, M. (2006): Qigong (auch für Bettlägerige). In: Noll, A./Ziegler, B.: Der ältere Patient in der chinesischen Medizin. Elsevier: München, S. 175-192.

Statistisches Bundesamt (2003): Bevölkerungsentwicklung Deutschlands bis zum Jahr 2050. Pressemitteilung 6.Juni 2003.

Zumfelde-Hüneburg, C. (1994): Einfluss der Qigong-Übungsmethode „Tuna" auf Parameter der Kreislauf- und Atemfunktion. In: Zeitschrift für Qigong Yangsheng. 1994, S. 13-19.

Zumfelde-Hüneburg, C. (2004): Qigong Yangsheng in der Schmerztherapie. Deutsche Zeitschrift für Akupunktur. 47/1, S. 18-24.

Zumfelde-Hüneburg, C. (2007): Qigong mit Senioren – auf festem Fuß ins hohe Alter. In: Engelhardt, U./Hildenbrand, G./Zumfelde-Hüneburg, C.: Leitfaden Qigong. Gesundheitsfördernde und therapeutische Übungen der chinesischen Medizin. Elsevier: München, S. 317-323.

Zumfelde-Hüneburg, C./Hüneburg, H. (1996): Auswirkungen der Qigong-Übungsmethode „Tuna" auf Energieverbrauch und Atmung. In: Zeitschrift für Qigong Yangsheng. 1996, S. 51-55.

Weiterführende Literatur

Krafft, C. (1998): Fallbericht über die Arbeit mit Qigong Yangsheng bei einer Patientin mit Bluthochdruck. In: Zeitschrift für Qigong Yangsheng. 1998, S. 69-70.

Hofmann, I. (1999): Qigong Yangsheng in der Bewegungstherapie bei koronarer Herzerkrankung. In: Zeitschrift für Qigong Yangsheng. 1999, S. 105-106.

Ritter, C. (2000): Qigong Yangsheng als Zusatztherapie bei Bluthochdruck im Vergleich zu einer westlichen Entspannungstherapie. Eine randomisierte, kontrollierte Pilotstudie. In: Zeitschrift für Qigong Yangsheng. 2000, S. 82-87.

Wersche, K. (1994): „Frühe" klinische Studien aus China über den Effekt von Qigong bei Asthma bronchiale, Ulcus ventriculi et duodeni und Hypertonus. In: Zeitschrift für Qigong Yangsheng. 1994, S. 42-49.

Qigong mit geistig behinderten Schülern.
Das Spiel der Tiere nach Prof. Jiao Guorui
von Anne Merz
2010

Wenn wir die Menschen nur nehmen, wie sie sind,
so machen wir sie schlechter;
wenn wir sie behandeln, als wären sie, was sie sein sollten,
so bringen wir sie dahin, wohin sie zu bringen sind.
(Johann Wolfgang von Goethe)

Geistige Behinderung - Was bedeutet dieser Begriff?

Heinz Bach 1976

Als geistigbehindert gelten Personen, deren Lernverhalten wesentlich hinter der auf das Lebensalter bezogenen Erwartung zurückbleibt. Dies ist gekennzeichnet durch ein dauerndes Vorherrschen des anschauend-vollziehenden Aufnehmens, Verarbeitens und Speicherns von Lerninhalten sowie eine Konzentration des Lernfeldes auf direkte Bedürfnisbefriedigung, was sich in der Regel bei einem Intelligenzquotienten von unter 55/60 findet. Geistig Behinderte sind zugleich im sprachlichen, emotionalen und motorischen Bereich beeinträchtigt und bedürfen dauernd umfänglicher pädagogischer Maßnahmen. (1)

Juristische Definition in Deutschland

Im bundesdeutschen Recht wird die Behinderung im Sozialgesetzbuch IX (§ 2 Abs. 1) so festgelegt: Menschen sind behindert, wenn ihre körperliche Funktion, geistige Fähigkeit oder seelische Gesundheit mit hoher Wahrscheinlichkeit länger als sechs Monate von dem für das Lebensalter typischen Zustand abweichen und daher ihre Teilhabe am Leben in der Gesellschaft beeinträchtigt ist. Sie sind von Behinderung bedroht, wenn die Beeinträchtigung zu erwarten ist.

Schulgesetz für Schulen mit dem Förderschwerpunkt ganzheitliche Entwicklung

In den Richtlinien der Schulen mit dem Förderschwerpunkt ganzheitliche Entwicklung (im folgenden Förderschule genannt) steht zum Recht auf schulische Bildung folgendes:

> Kinder und Jugendliche zwischen sechs und achtzehn Jahren haben in unserem Land das Recht, verbunden mit der Pflicht, eine systematische Unterstützung ihrer Entwicklung in Anspruch zu nehmen. Ihre Fähigkeiten, ihre Möglichkeiten sollen genutzt, ihre Kenntnisse und Handlungsmöglichkeiten ausdifferenziert und ihre sozialen und emotionalen Anlagen vertieft werden. (2)

Lehrplan der Förderschule für ganzheitliche Entwicklung

Der Lehrplan der Förderschule fordert psychomotorische Bewegungserziehung als wichtiges Lern-, Erfahrungs- und Bewährungsfeld, in dem im besonderen Maße auch soziale Kompetenzen vermittelt werden können:

- Zur Entwicklung von Wahrnehmungs- und Orientierungsfähigkeit und zur Freude an der eigenen Bewegung
- Zur Förderung von Eigenaktivität, Fantasie und der Koordinationsfähigkeit
- Zur Herausbildung einfacher Bewegungsmuster und zur Überwindung körperlicher Hemmungen/Beeinträchtigungen
- Zur Überwindung von sprachlichen Hemmungen, zur Anbahnung von Partner- und Gruppenfähigkeit und zum Informationsaustausch
- Zur Bewältigung von emotionalen Konflikten, Aggressionen, Misserfolgserlebnissen u.a.m.
- Der Auswahl und der Einhaltung von Spielregeln, des fairen Umgangs miteinander und Schaffung eines sozialen Wohlbefindens

Motorische Kompetenzen sind grundlegend und unentbehrlich für die Ausführung komplexerer Bewegungen und Alltagshandlungen sowie für alle sportlichen Aktivitäten.

Dies ist nicht durch bloße motorische Ertüchtigung und physiotherapeutische Funktionsübungen zu erreichen. Vielmehr ist es erforderlich, dass das Kind über bzw. durch Bewegung sich und seine Umwelt wahrnimmt. Den eigenen Körper kann ein Kind nur erfahren und erleben, ein Bewusstsein davon entwickeln, wenn es sich bewegt oder bewegt wird und dabei seinen Körper und dessen einzelne Teile in unterschiedlichen Lagen und im Rahmen vielfältiger Handlungen wahrnimmt. Hinzu kommen soziale und emotionale wie auch kognitive und kommunikative Prozesse. (2)

Eigene Erfahrungen

Die defizitäre Sicht, wie Bach 1976 geistige Behinderung definiert, die hauptsächlich das Nicht-Können beschreibt, möchte ich so im Schulalltag nicht aufrechterhalten.

Von ökologischen Ansätzen wissen wir, dass sich menschliche Entwicklung, und damit auch geistige Behinderung, dynamisch im Austausch von Individuum und Umwelt vollzieht. Aus dieser Sicht besteht Behinderung in gestörter Integration des betreffenden Menschen in sein Umfeldsystem.

So entwickeln sich auch geistig behinderte Kinder dynamisch im Austausch mit ihrem Umfeld. Durch verbesserte Umfeldbedingungen kann ein Mensch demnach weniger behindert sein als zuvor.

Auch geistig behinderte Schüler und Schülerinnen haben sehr viele Ausdrucksmöglichkeiten und Fähigkeiten ihren Alltag zu gestalten. Sie unterscheiden sich aber in Tempo und Intensität der Verarbeitung der angebotenen Lerninhalte deutlich von der Gruppe der gleichaltrigen normalbegabten Schüler.

Geistig behinderte Kinder lernen unter anderem, durch Nachahmung und emotionale Koppelung an ihre sozialen Bezugspersonen. So hat der Lehrer/die Lehrerin zunächst die Aufgabe durch Empathie das Vertrauen des Kindes zu gewinnen, um so den Schulalltag zu gestalten, und ein angenehmes Lernklima zu schaffen.

Daraus ergibt sich für mich die Aufgabe, jede(n) einzelne(n) SchülerIn individuell zu akzeptieren, den aktuellen Wissens- und Könnensstand zu eruieren und ein Konzept zur Förderung zu entwickeln.

Seit vielen Jahren übe ich Qigong und habe immer wieder kleine Übungen wie Hände reiben, Gesicht waschen, Ohren reiben, Haare kämmen und sammeln im Dantian in meiner Klasse mit Schülern zwischen acht und zwölf Jahren praktiziert. Dabei konnte ich feststellen, dass schon nach recht kurzen Übungsphasen (circa 5 Minuten) die Konzentration und Ausdauer meiner SchülerInnen bei nachfolgenden kognitiven Aufgaben deutlich zunahm. Dadurch ermutigt, wählte ich zunächst einfache Übungen aus dem Lehrsystem des Qigong Yangsheng von Professor Jiao Guorui und „erfand" dazu Geschichten *(kursiv)*, die den Kindern ermöglichten sich mit den Bewegungsabläufen vertraut zu machen und sich damit zu identifizieren. Anhand von Bildern, Fotos oder konkreten Gegenständen konnten die Schüler „begreifen" was sie darstellten.

Methodik und Didaktik

Zum Stundenaufbau und der Methodik des Lehrens muss das besondere Lernverhalten der Schüler berücksichtigt werden.

1. Sie sind überwiegend sachverhaftet ansprechbar:
   - Angebotene Inhalte müssen real begreifbar gemacht werden.
2. Sie sind vor allem sensorisch und motorisch aufnahmebereit:
   - Inhalte müssen anschaulich dargestellt und vermittelt werden.
   - Bewegungsmuster müssen „erarbeitet" werden, oft fehlt Bewegungserfahrung.
3. Sie benötigen spezielle Führung:
   - Die Kinder brauchen die positive Zuwendung des Lehrers.
   - Sie benötigen häufige Motivation zur Weiterarbeit.
   - Die Vorhaben müssen in kleine Schritte gegliedert/strukturiert werden.
   - Ziele müssen für die Kinder erreichbar sein – Erfolgserlebnisse sind wichtig.
4. Sie besitzen eine sehr gemäßigte Lerndynamik:
   - Die Lernprozesse sind verlangsamt.
   - Die Lernprozesse sind zeitlich begrenzt.
   - Die Lernprozesse sind verflacht.
5. Sie benötigen permanente Anregung:
   - Sie besitzen einen eigenen Lernrhythmus.
   - Sie benötigen häufige Übungen, Wiederholungen, bis hin zum Einschleifen.
6. Sie sind oft motorisch gestört:
   - Sie besitzen häufig ein verlangsamtes Bewegungstempo.
   - Es treten oft Mängel in der Bewegungskoordination auf.
   - Sie haben meist Schwächen in der Bewegungsgenauigkeit.

Qigong-Übungen

Kiefer

Nachdem wir uns in der Natur verschiedene Bäume, auch Kiefern angeschaut hatten, konnten die Schüler sich Fotos, Baumpuzzle, Zeichnungen und Bücher ansehen und auch malen.

Danach forderte ich die Kinder auf, im Raum einen Baum darzustellen. Beim gegenseitigen Betrachten stellten wir fest, dass jeder „Baum" anders aussah. Arme und Hände nach unten oder oben. Füße eng aneinander oder nur auf einem Fuß stehen usw. Nach dieser Phase des Ausprobierens kam dann das Üben des korrekten Stehens.

Manche Schüler benötigten am Anfang Hilfe zum festen Stehen. So beschaffte ich Fußsohlen aus Teppichboden, auf denen die Schüler stehen konnten. Dadurch konnte ich den Abstand der Füße zueinander vorgeben, und auch für die Kinder die Orientierung im Raum erleichtern. Nach dieser Vorbereitung **„unten fest – oben leicht"** konnte die Geschichte beginnen.

Kurzinformation zur Kiefer

Die Kiefer ist ein Nadelbaum, der in nördlichen, gemäßigten Zonen der Erde wächst. Es gibt über 80 Arten. Bei uns sind Föhre und Latsche heimisch. (6)

Auf einer Wiese steht eine wunderschöne große Kiefer. Ihre Wurzeln sind ganz tief in die Erde gewachsen. So kann der Baum nach oben wachsen und trotzdem fest auf der Wiese stehen. Die Kiefer reckt die Äste nach oben (Hände und Arme) *um sich der Sonne entgegen zu strecken. Ganz weit und hoch wachsen die Äste. Spürt ihr schon die warmen Sonnenstrahlen? Die Kiefer freut sich. Da kommt ein leichter Wind, der die Äste hin und her bewegt, auch ein wenig auf und ab. Die Wurzeln* (Füße) *bleiben fest in der Erde, auf dem Boden. Aus dem leichten Wind wird plötzlich ein Sturm. Die Kiefer schaukelt hin und her, nach vorn und zurück, aber die Füße bleiben fest stehen, Die Kiefer fällt nicht um. Der Sturm lässt nun wieder nach und die Kiefer steht noch immer fest auf der Wiese. Als es Abend wird sinken die Äste langsam nach unten.* (Arme seitlich nach unten, Handflächen zur Hosennaht) *Die Kiefer ruht sich nun aus. Die Äste bewegen sich nur noch ganz wenig nach außen und wieder zurück.*

Die Geschichte kann beliebig erweitert oder gekürzt werden, je nach Aufnahmebereitschaft und Durchhaltevermögen der SchülerInnen. So kann es noch regnen oder schneien. Es kann ein Gewitter kommen. Ein Schmetterling oder ein Vogel landet im Baum u.s.w.

- Im weiteren Verlauf können einzelne Kinder selbst eine kleine Geschichte erfinden.
- Es kann ein kleiner Wettbewerb entstehen: Wer kann am längsten wie eine Kiefer stehen?

Beobachtung und Auswertung der Kiefer

Während dieser Übungen konnte ich sehr gut beobachten, wie Kinder, die vorher oft unruhig im Klassenraum umherstreifen, nun über einen längeren Zeitraum ruhig auf einem vorgegebenen Platz stehen konnten. Das feste Stehen vermittelte ihnen Sicherheit im Raum. Sie konnten sich gut mit der Kiefer identifizieren, kamen dadurch zur Ruhe und nahmen ihre Beine und Füße anders als gewohnt wahr.

Qigong Übungen ermöglichen dem Kind, den eigenen Körper oder einzelne Körperteile ganz bewusst und intensiv wahrzunehmen, und vor allem sich im Rahmen der eigenen Möglichkeiten zu bewegen oder sich in einer Position zu halten.

Im Gegensatz zur Krankengymnastik (die notwendig ist und von mir nicht in ihrer Auswirkung angezweifelt wird), wo die Kinder eher passiv durchbewegt, einzelne Muskeln und Sehnen gedehnt werden, können die Kinder sich beim Qigong mit den Übungen identifizieren. Das Kind selbst wird „Kiefer". So kann ein intensiver Bezug zum eigenen Körper gefunden werden.

Vor allem nach dem Üben der Kiefer konnte ich beobachten, dass SchülerInnen besser in der Lage waren beide Füße fest auf dem Boden zu lassen – auch bei anderen Gelegenheiten. Das verbessert die aufrechte Haltung, ein korrektes Körperschema kann so aufgebaut werden, und die Kinder haben auch noch Spaß daran.

Diese Erfahrung ermutigte mich, klassenübergreifend eine Arbeitsgemeinschaft (AG) für Qigong Yangsheng, nach dem Lehrsystem von Professor Jiao, mit dem Inhalt „das Spiel der 5 Tiere" anzubieten. Die SchülerInnen an unserer Schule können sich jeweils für ein Schulhalbjahr eine AG auswählen. Es arbeiteten drei Schüler und drei Schülerinnen in dieser AG mit.

Qigong Yangsheng klassenübergreifend

Das Spiel der fünf Tiere nach Professor Jiao Guorui (3). Mit Einbeziehung verschiedener Ideen aus dem Buch Qigong in der Schule (5).

Vorbereitung

Da sich die Gruppe nur vierzehntägig in der Turnhalle trifft, halte ich es für besonders wichtig die Stunde immer gleichbleibend zu gestalten. Wir beginnen also immer mit dem Ritual des Abklopfens, stehen dann wie eine Kiefer, und enden nach dem Abschluss immer mit: Reibe die Shenshu (Nieren), schließe den Daimai (Kräftegürtel), reibe das Dantian (Bauch) und schließlich Sammeln im vorderen Dantian. Danach legen sich die Schüler auf eine Wolldecke, ruhen in Stille oder mit leiser Musik im Hintergrund. Wenn wir noch genügend Zeit haben, können sich die Schüler gegenseitig in der entsprechenden Tierform massieren. (Diese „Massage" wurde vorher erarbeitet.) Die SchülerInnen genießen diese Ruhephase sehr. Ganz zum Schluss werden sie von mir mit dem Gong einer Klangschale wieder „geweckt". Wichtig ist auch, dass der Lehrer die Übungen korrekt vormacht. Die Schlüsselpunkte für Qigong und für das Spiel der fünf Tiere sollten dem Lehrenden bekannt sein, und den SchülerInnen vermittelt werden. Bei geistig behinderten Kindern geschieht dies am besten durch Nachahmung. Durch wiederholtes Üben können auch Haltungsfehler oder Bewegungsmuster verbessert werden, die Freude am Spiel der Tiere gilt es aber vorrangig zu erhalten. Deshalb gilt für alle Geschichten das Prinzip:

- Das Vorgegebene muss nicht exakt eingehalten werden, sondern auch auf spontane Einfälle der SchülerInnen sollte reagiert werden können.
- Hier können und dürfen SchülerInnen ihre Fantasie zum Teil ausleben. Qigong bietet den Kindern eine Chance sich zu profilieren, die vielleicht beim Gebrauch der Kulturtechniken – Lesen, Schreiben, Rechnen – weniger stark sind. Auch verbale Fähigkeiten müssen nicht im Vordergrund stehen – vormachen genügt.
- Als pädagogische Wirkung ist zu nennen: Qigong baut Stress ab, verbessert den Lernzustand und fördert die Gesundheit.

Medien für die Unterrichtsstunde

Bewährt haben sich: lockere Kleidung, dicke Socken, eine Wolldecke für jede(n) SchülerIn, Klangschale, CD Player, CDs mit Meditationsmusik (4), Bilder und die „Geschichte".

In jeder ersten Stunde bei der Einführung eines Tieres sollte den SchülerInnen die Gelegenheit gegeben werden, ihre Erfahrungen zum Tier zu berichten. Wer hat schon einmal einen Bären, Kranich, Tiger, Hirsch oder Affen gesehen? Im Fernsehen? Im Tierpark? Im Buch? Eventuell kann auch ein Besuch im Tierpark oder Zoo vorausgehen. Die SchülerInnen sollten sich nach ihrer Vorstellung wie das entsprechende Tier bewegen. Videos, Fotos, Bilder oder Stofftiere können hilfreich sein. Erst nach dieser Erarbeitungsphase sollte mit dem Spiel des entsprechenden Tieres nach Professor Jiao begonnen werden.

Bär

Kurzinformation zum Bären

Bären sind Raubtiere mit dickem Pelz und kurzem Stummelschwanz. Sie sehen plump aus, können aber recht schnell laufen, geschickt klettern und gut schwimmen. Bären sind Allesfresser, ernähren sich aber meist von Pflanzen. (6)

Das Spiel des Bären

Ein großer, dicker Bär liegt in seiner Höhle und macht seinen Winterschlaf. Langsam erwacht der Bär. Er reckt sich und streckt sich. Er gähnt ganz laut, hockt sich auf die Knie, reibt seine Augen und brummt vor sich hin. Langsam steht er auf und geht nach draußen vor seine Höhle. Hier reckt und streckt er sich wieder und gähnt noch einmal ganz laut. Dann bleibt er vor seiner Höhle stehen.

Der Bär stellt seine Füße fest auf den Boden. Noch schwankt er ein wenig nach links und nach rechts, nach vorne und nach hinten. Langsam bekommt er eine feste Verbindung zum Boden und steht ganz sicher da.

Probiert die Bewegungen des Bären nachzumachen, aber bleibt fest stehen. Jetzt richtet euch auf. (Füße in Grundstellung, Tatzen vor dem Unterbauch zu hohlen Fäusten formen)

Der Bär steht groß und mächtig da. Er zeigt seine Pranken, macht lockere Fäuste und schaut sich um. Er hat Hunger. Deshalb beschließt er hinunter zum See zu gehen.

Schritt des Bären

Der Bär stellt den linken Fuß nach vorne mit einem leichten Plumps auf. Er zieht seine Pranken als Fäuste ein bisschen zum Bauch und bewegt sie dann nach außen in einen Kreis nach vorn. Jetzt steht er mehr auf dem linken Fuß und schaut sich um. Nun holt er den rechten Fuß nach vorn und schiebt seine Pranken wieder vor den Bauch. Dann setzt er den rechten Fuß mit einem leichten Plumps nach vorn. So geht der Bär Schritt für Schritt durch das Gebüsch weiter. Er brummt fröhlich vor sich hin. Mit seinen Pranken schiebt er das Gebüsch zur Seite.

Dann begegnen sich zwei Bären: Zuerst beschnuppern sie sich. Dann lehnen sie die Schultern aneinander. Sie reiben sich mit dem Rücken aneinander. Sie brummen genüsslich vor sich hin. Dann gehen sie weiter durch den Raum und suchen sich einen anderen Bären. Wenn sich alle begrüßt haben, gehen die Bären zusammen weiter zum See.

Der Bär schwankt, rüttelt und schüttelt

Der Bär zeigt seine Größe, er setzt erst den linken Fuß nach vorn, hebt dann die linke Pranke und bewegt sie langsam nach links vorn, dabei zieht er die rechte Pranke nach rechts hinten. Nun verlagert er sein Gewicht nach links vorn und richtet seinen Oberkörper noch etwas mehr auf. Dann geht er mit dem rechten Fuß nach vorn, und nimmt auch die rechte Pranke nach vorn, während er die linke Pranke nach hinten zieht. Beide Pranken kommen wieder vorn vor dem Bauch zusammen. So marschiert der Bär immer weiter in Richtung See. Das Gehen ist für den Bären ganz schön anstrengend. Als er am See ankommt, muss er gähnen, so müde ist er geworden. Deshalb legt er sich in das weiche Gras und schläft ein wenig.

Kranich

Kurzinformation zum Kranich

Der Kranich ist ein 1,5 m langer, hochbeiniger Vogel mit langem Hals, kleinem Kopf und spitzem Schnabel. In Mitteleuropa ist er sehr selten geworden. Kranich sind Zugvögel. (6)

Das Spiel des Kranichs

Der Kranich steht im See

Der Kranich steht stolz und aufrecht im Wasser. (Füße in Grundstellung) *Der Oberkörper ist aufgerichtet, auch der Hals und Kopf sind nach oben gereckt. Die Knie sind locker, jetzt liegen die Flügel vor den Bauch. Die Hände und Finger sind aus Federn,* spürt einmal wie leicht sie jetzt sind.

Schritt des Kranich – Der Kranich schreitet ans Ufer

Nun dreht der Kranich sich ein wenig nach links, hebt den linken Fuß und stellt ihn kurz vor sich auf den Zehenspitzen ab. Dabei öffnet er langsam ein wenig seine Schwingen und zieht sie durchs Wasser nach außen. Nun schüttelt der Kranich sein Federkleid und schaut freundlich und gelassen in die Runde. Er schließt seine Flügel wieder, setzt den linken Fuß fest auf, und stellt den rechten Fuß zum linken Fuß nach vorn. Dann dreht er sich ein wenig nach rechts und geht mit dem rechten Fuß nach vorne. Jetzt kann er seine Flügel wieder öffnen. So geht er immer weiter, bis er aus dem Wasser herauskommt.

Der Kranich breitet seine Flügel aus

Jetzt steht der Kranich am Ufer. (Grundstellung) *Er hebt seine mächtigen Flügel als wollte er fliegen. Dabei dreht er sich nach links und steht fest auf dem rechten Bein, den linken Fuß hebt er ein wenig. Dann schließt er seine Flügel wieder, stellt den linken Fuß auf den Boden und kommt mit dem rechten Fuß nach vorn. Nun dreht er sich nach rechts, stellt sich auf den linken Fuß und hebt den rechten Fuß ein wenig in die Höhe. Nun steht er auf einem Bein. Er kann den anderen Fuß bis zum Knie hochziehen. Der Oberkörper bleibt dabei hoch aufgerichtet. So kann der Kranich Schritt für Schritt weiter am Ufer entlanggehen. Dabei begegnet er noch anderen Kranichen.*

Die tanzenden Kraniche

Zwei Kraniche begegnen sich und begrüßen sich mit den Flügeln. (Seitlich stehen) *Dabei stehen sie zuerst fest auf beiden Beinen. Später hebt jeder Kranich ein Bein.* Versucht das einmal ohne dabei umzufallen! *Wenn die Kraniche müde geworden sind, können sie langsam zurück zur Wolldecke schreiten, sich hinlegen und ausruhen.*

Tiger

Kurzinformation zum Tiger

Mit ca. 2.80 m Länge ist der Tiger die größte Raubkatze. Sein Fell ist gelbbraun mit schwarzen Querstreifen. Er lebt in dichten Wäldern von Südwest- bis Ostasien und erjagt seine Beute vor allem nachts durch lautloses Anschleichen. Tiger sind Einzelgänger. (6)

Das Spiel des Tigers

Der Tiger schleicht durch das Gebüsch:

Schleicht jetzt auf allen Vieren leise und kraftvoll wie ein Tiger durch die Turnhalle: Rechte Hand und linkes Bein nach vorn. Hebt schwer und kraftvoll die Pranke. Wenn ihr einem anderen Tiger begegnet, könnt ihr ausweichen. Vielleicht dann auch einmal anhalten und ihn anschnurren. Ihr könnt auch fragen: Darf ich dich einmal anbrüllen?
Nun seid ihr genug herumgetigert. Steht bitte auf. Wir probieren jetzt die Bewegung des Tigers im Stehen.

Der Tiger steht im Unterholz

Wir versuchen so dazustehen wie der Tiger, wenn er im Gebüsch auf seine Beute lauert. Mit den Füßen (den großen Hinterpfoten) steht er fest auf dem Boden. Ein bisschen krallt er sich mit den Zehen in den Boden. Die Füße stehen dicht beieinander, die Hände hängen erst mal locker an der Seite.
Nun formt ihr eure Hände zu Tigerkrallen, und bewegt die Tigerkrallen etwas nach vorn, ungefähr in Hüfthöhe vor dem Bauch sollen sie zur Ruhe kommen. Nun sinkt leicht in die Knie. (Schultern entspannt, Oberkörper leicht nach vorne) *Der Blick geht geradeaus, der Tiger beobachtet, ob es in der Nähe etwas für ihn zu fressen gibt.*

Der Schritt des Tigers

Steht fest auf dem rechten Fuß, stellt nun den linken Fuß nach vorn. Die Tigerkrallen nach vorn und im Kreis zurück vor die Hüften bringen. Der Tiger schaut nach vorn und richtet seinen Oberkörper auf.
Tigerkrallen lockern und den rechten Fuß nach vorn zum linken Fuß stellen und dabei die Hände erst zur Mitte und dann wieder vor die Hüften bringen. Ganz leise hebt der Tiger auch den rechten Fuß und setzt ihn nach vorne. Mit

seinen großen Pranken schiebt er das Gebüsch zur Seite. So geht er leise Schritt für Schritt nach vorn und schaut, ob es für ihn etwas zu fressen gibt.

Der Tiger stürmt aus dem Gebüsch (aus einer Höhle)

Der Tiger macht wieder einen Schritt mit der linken Fuß nach vorn, er stellt sich breit und fest auf den Boden. Seine Pranken hat er erst vor dem Bauch hängen, dann hebt er die Pranken und zieht sie vor dem Gesicht auseinander. Er schaut nun durch die linke Tatze nach vorn. Dabei schaut er wütend und sieht ganz gefährlich aus. Dann geht er etwas nach vorn mit dem Gewicht auf den linken Fuß, entspannt seine Pranken und bewegt sie nach unten. Mit dem rechten Fuß kommt er nun zum linken Fuß. Nun geht er mit dem rechten Fuß einen Schritt nach vorn, stellt sich wieder breit hin, nimmt die Hände vor sein Gesicht und zieht die Pranken auseinander. „Schaut nun wieder wie ein wütender Tiger durch die vordere Hand". So geht der Tiger nun ein paar Schritte nach vorn.

Der Tiger zeigt seine Macht

Wieder macht der Tiger einen breiten Schritt nach links vorne. Erst lässt er seine Pranken vor dem Bauch hängen, dann hebt er die Tigerpranken und zieht sie vor der Brust nach außen, dann drückt er rechts und links das Gebüsch nach unten, richtet seinen Oberkörper auf und zeigt allen wie groß und stark er ist. Nun entspannt er die Pranken wieder und stellt den rechten Fuß zum linken dazu. Dann macht er einen Schritt nach rechts. Er zeigt nun den anderen wie groß und mächtig er ist und geht weiter durch den Dschungel.

Der Tiger stürzt sich auf seine Beute (Der Tiger fängt sich ein Wildschwein)

Mit dem linken Fuß macht der Tiger wieder einen breiten Schritt nach vorne. Er hält seine Tigerpranken vor dem Bauch, holt ein wenig nach rechts aus und macht einen Kreis nach oben. Nun bewegt er seine Pranken blitzschnell nach links unten und fängt sich ein Wildschwein. Er hebt jetzt den Kopf und schaut nach, ob ein anderer Tiger ihm die Beute wegnehmen will, oder ob es noch etwas für ihn zu fressen gibt. Dann legt er das Wildschwein zur Seite, stellt den rechten Fuß nach vorne zum linken dazu. Jetzt macht er einen Schritt nach rechts, hebt wieder seine Pranken und fängt sich noch ein Wildschwein. Wenn er genug gefangen hat, legt er sich erst mal auf die Wiese und macht ein Schläfchen

Hirsch

Kurzinformation zum Hirschen

Hirsche sind mit ca. 40 Arten weltweit verbreitete Huftiere, die 0,8-3 m lang und bis 1,5 m hoch werden können. Rothirsche, Rehe und Damhirsche leben in den Wäldern Mitteleuropas. Hirsche leben in Rudeln und ernähren sich von Gräsern, Knospen, Blättern und auch Baumrinden. (6)

Das Spiel des Hirsches

Der Hirsch schreitet durch den Wald und über eine Wiese.

Versucht euch wie ein Hirsch durch unsere Turnhalle zu bewegen. Zuerst auf allen Vieren, später könnt ihr euch dann auch hinstellen. Denkt dabei an die Hirsche, die wir im Tierpark gesehen haben. Die Hirsche tragen ein großes Geweih auf dem Kopf.

Wir legen uns ein Sandsäckchen auf den Kopf, aber das Geweih des Hirsches ist noch viel schwerer. Bewegt euch nun durch die Turnhalle, ohne dass das Sandsäckchen herunterfällt.

Wenn sich zwei Hirsche begegnen, können sie sich mit den Schultern oder den Köpfen vorsichtig wegdrücken. Manchmal brüllen (röhren) sich die Hirsche auch an. Wenn ihr einem anderen Hirschen begegnet, fragt vorher: „Darf ich dich einmal anbrüllen?"

Nun wollen wir uns wie ein Hirsch im Qigong bewegen.

Schritt des Hirschen

Der Hirsch schreitet durch den Wald. Er streckt seine Beine und auch die Arme, die Hirschhände zeigen zum Boden. Nun stellt sich der Hirsch ganz fest auf den rechten Fuß und hebt den linken Fuß ein wenig vom Boden. Dabei entspannt er seine Arme und Hände. Dann spannt er wieder sein linkes Bein und die Arme an. Das linke Bein streckt er ein wenig nach vorn. Der Oberkörper bleibt aufgerichtet. Nun versucht der Hirsch mit dem linken Fuß das Laub auf dem Boden zur Seite zu schieben. Dazu kreist er leicht mit dem Fuß über den Boden, dann zeigt er mit den Zehenspitzen zum Boden, danach noch mit der Ferse. Wenn das Laub weggeräumt ist, setzt er den Fuß wieder auf den Boden. Jetzt kann er seine Arme entspannen und geht einen Schritt nach vorn, um sich wieder zu strecken. So schreitet der Hirsch jetzt Schritt für Schritt durch den Wald.

Der Hirsch reckt seinen Rumpf

Inzwischen ist der Hirsch am Waldrand angekommen. Er möchte jetzt über die Wiese, die vor ihm liegt schreiten. Wieder setzt er den linken Fuß gestreckt nach vorn. Er entspannt jetzt leicht seine Arme und geht mit seinem Gewicht ein wenig nach vorne auf den linken Fuß. Dann streckt er die Arme, drückt mit seinen Hirschhänden zum Boden und reckt seinen Oberkörper. Er schaut sich nun um, ob er auf der Wiese etwas entdecken kann. Es ist Nichts zu sehen. Jetzt kann er sich wieder ein wenig entspannen und einen Schritt nach vorne machen. Schon muss er sich wieder strecken. Langsam schreitet der Hirsch so Schritt für Schritt über die Wiese.

Der Hirsch reckt sich nach vorn

Jetzt ist der Hirsch schon viele Schritte über die Wiese gegangen. Er bekommt Lust sich nun auch einmal nach vorne ausstrecken. Dazu streckt er sein linkes Bein wieder nach vorne und setzt den Fuß mit der ganzen Sohle fest auf. Dann entspannt er seine Hände und lässt sie langsam am Körper vorbei nach oben steigen, dabei verlagert der Hirsch nun sein Gewicht nach vorne. Wenn die Hände in Achselhöhe sind, streckt der Hirsch die Arme und Hände (Finger zusammenhalten) weit nach vorn, im Rücken bleibt der Hirsch dabei gerade. Er schaut nach vorn über die Wiese, dann nimmt er langsam seine Hände zurück zum Körper und bringt sie wieder nach unten. Dann geht er mit dem rechten Bein auch nach vorn und steht wieder gut aufrecht auf der Wiese. Danach geht er mit dem rechten Fuß zuerst nach vorn.

Der Hirsch springt

Auf der Wiese liegen noch einige umgestürzt Bäume. Der Hirsch muss darüber springen um vorwärts zu kommen. Zuerst duckt er sich ein wenig und nimmt seine Hirschhände nach hinten. Dann hebt er vorsichtig das linke Bein etwas und springt nun nach vorne. Dabei streckt er die Hirschhände und Arme auch nach vorne. Danach senkt er langsam wieder die Arme bis zu den Hüften und streckt sich wieder. Der Kopf ist ganz aufgerichtet.
Der Hirsch möchte weiter so über die Wiese springen. Er duckt sich also wieder ein wenig, hebt das rechte Bein und springt noch einmal nach vorne. Wieder nimmt er dabei seine Arme und auch die Hirschhände weit nach vorn. Wenn er die Hände langsam zurück zu den Hüften gesenkt hat, reckt er sich

wieder und hält seinen Kopf gut aufgerichtet. So springt der Hirsch jetzt immer weiter über die Wiese, bis er schließlich ganz müde wird.

Affe

Kurzinformation zum Affen

Affen sind Säugetiere, die den Menschen am nächsten verwandt sind. Ihre geistigen Fähigkeiten sind bei einigen Arten hoch entwickelt. Sie leben in warmen tropischen Ländern und ernähren sich meist von Pflanzen, Früchten und Insekten. Sie können mit Händen und Füßen greifen und sehr gut klettern. (6)

Das Spiel des Affen

Heute wollen wir uns einmal wie Affen bewegen. Affen können auf allen vieren laufen, springen, kriechen, an Seilen schaukeln und zwischendurch auch noch schreien. Bewegt euch nun auch wie Affen durch den Raum.
Auf dem Boden liegen Tücher, die können die Affen aufheben und wieder wegwerfen. (Hackenhand üben! – durch vormachen) *Die Affen können sich gegenseitig die Tücher zuwerfen. Probiert das eine Weile aus.*
Nun wollen wir üben wie sich ein Affe im Qigong bewegt.

Schritt des Affen

Es war einmal ein Affenkönig, der lebte weit weg von uns in einem Urwald. Am Nachmittag bekam er ein wenig Hunger und beschloss auf die Suche nach Essen zu gehen.
Dazu stellt er sich zuerst auf beide Füße (Grundstellung) *und nimmt seine Hackenhände vor den Körper, dann dreht er sich ein wenig zur rechten Seite. Er hebt nun den linken Fuß etwas hoch und stellt ihn nach vorne ab, dann öffnet er vorsichtig seine Hackenhände und schiebt damit das Gebüsch zu beiden Seiten weg, damit er mehr Platz zum Stehen hatt und besser nach vorne schauen kann. Da er nichts auffälliges entdeckt, stellt er den rechten Fuß einen Schritt nach vorn zum linken Fuß und bringt dabei seine Hackenhände wieder nach vorn vor den Bauch.*
Jetzt dreht er sich etwas nach links, stellt den rechten Fuß nach vorn, öffnet wieder seine Hackenhände um das Gebüsch zu den Seiten wegzudrücken. So kann er gut nach vorne sehen und beobachten ob noch andere Affen im Ur-

wald spazieren gehen. Langsam und Schritt für Schritt geht der Affenkönig so weiter durch den Urwald.

Der Affe blickt verstohlen um sich (Der Affe lauscht)

Als der Affenkönig eine Weile so durch den Wald gegangen war, hörte er plötzlich ein lautes Geräusch.
Er bleibt stehen, dreht sich etwas nach rechts, duckt sich ein wenig, hebt dann vorsichtig den linken Fuß um ihn ganz leise nach vorne aufzusetzen, dabei hebt er auch ganz vorsichtig seine linke Hackenhand und hält sie sich vor die Stirn. Seine rechte Hackenhand dreht er langsam ein wenig nach hinten zu seiner Hüfte hin. So steht der Affenkönig ganz leise und kann nun seinen Kopf erst nach links und dann nach rechts drehen, aber er kann nicht sehen woher das Geräusch kommt.
Also dreht er sich ein wenig zur Mitte, stellt den rechten Fuß nach vorn und nimmt die rechte Hackenhand mit nach vorn und vor den Kopf. Jetzt kann er wieder das Gebüsch, das ihm im Weg war, zu beiden Seiten mit geöffneten Händen herunterdrücken und nach vorne schauen. Noch immer nichts zu sehen.
Also nimmt er seine Hackenhände wieder vor den Bauch, dreht sich ein wenig nach links und geht mit dem rechten Fuß einen kleinen Schritt nach vorn, nimmt die rechte Hackenhand vor die Stirn und die linke Hand etwas nach hinten vor die Hüfte. Er blickt sich nach beiden Seiten um, kann aber wieder nichts erkennen. So beendet er den Schritt nach vorn, schiebt wieder mit beiden geöffneten Händen das Gebüsch zur Seite und bringt seine Hackenhände wieder vor den Bauch zurück. Und so schleicht der Affe nun noch weiter durch den Urwald.

3. Der Affe pflückt Pfirsiche

So kam der Affe an einen Pfirsichbaum. Er sah die schönen reifen Pfirsiche und wollte gerne davon pflücken.
Er stellt dazu seinen linken Fuß nach vorn erstmal auf die Zehenspitzen, öffnet seine Hände leicht nach vorn. Dann stellt er den linken Fuß ganz auf und hebt seine Hände ein wenig nach oben und sucht sich die schönsten Pfirsiche aus. Dann streckt er sich nach vorn und oben um die Pfirsiche zu pflücken. Sofort nimmt er seine Hände wieder ein wenig zurück und steht fest aber ein wenig geduckt auf beiden Beinen. Die beiden Pfirsiche bringt er im Bogen mit

seinen Händen neben dem Körper nach unten, geht dabei mit dem rechten Bein bis zum linken Bein und hält wieder seine Hakenhände vor dem Bauch. Er will noch mehr Pfirsiche pflücken. Also geht er jetzt mit dem rechten Fuß ein wenig nach vorne ...

4. Der Affe bietet die Früchte dar

Bald hatte der Affenkönig sich so richtig satt gegessen. Er nahm aber noch einige Pfirsiche mit und wollte andere Affen damit ärgern.
Er zeigt dem anderen Affen die Pfirsiche. Dazu stellt er den linken Fuß nach vorn, hebt seine Hände in der Mitte hoch und hält dem Affen die Pfirsiche hin. Er fragt: „Möchtest du gerne Pfirsiche essen? Nein, ich gebe dir aber keine!" Und zieht so schnell die Hände mit den Pfirsichen wieder zurück und versteckt die Pfirsiche hinter seinem Rücken (Bogenlinie). Er stellt den rechten Fuß dabei nach vorne zum linken Fuß und hält auch seine Hände wieder vorn vor dem Bauch. Nur um jetzt wieder einen Schritt mit dem rechten Fuß nach vorn zu machen und die Pfirsiche zum Zanken zu zeigen.

Literatur

(1) Heinz Bach; Sonderpädagogik im Grundriss; 1976

(2) Richtlinien für die Schule mit dem Förderschwerpunkt ganzheitliche Entwicklung und Lehrplan zur sonderpädagogischen Förderung von Schülerinnen und Schülern mit dem Förderbedarf ganzheitliche Entwicklung. Ministerium für Bildung, Frauen und Jugend; September 2001

(3) Jiao Guorui: Das Spiel der fünf Tiere. Bearbeitet und herausgegeben von Gisela Hildenbrand. Medizinisch Literarische Verlagsgesellschaft Uelzen 2001

(4) Windpferd Music - Engel, die himmlischen Helfer:
Arnd Stein - Am Meer
Anthony Bolton – Glücksgefühle
Oliver Shanti - Taichi

(5) Brunner/Altner: Qigong in der Schule. Entspannung, Konzentration und Ruhe. Verlag an der Ruhr 2004

(6) Herder Grosses Kinder & Jugendlexikon

Qigong in der Suchttherapie.
Mertens' Modell zur Suchtentstehung und -therapie.
Biophotonenforschung
von Angela Kowsky
2005

Einleitung

Häufig scheint es gefordert die Notwendigkeit von Bewegungs- und Entspannungsverfahren, gerade auch in der Suchttherapie, zu erläutern und zu verteidigen. Das Bewegen ist aber, als fortwährender, sich entfaltender Prozess, zentraler Aspekt des Lebens selbst, so dass über den Sinn und Zweck desselben nicht weiter diskutiert werden müsste (vgl. SCHRÖDINGER 1951, WEINBERG 2004). WEINBERG erläutert, dass es vielmehr wichtiger ist das Bewegen in Hinblick auf dessen Qualität, also dessen Einfluss auf beispielsweise Lebendigkeit, Gesunderhaltung, Lebensgenuss und Freizeitgestaltung, zu untersuchen (ebd. 2004, 186-187).

Nach meiner Erfahrung in der Arbeit mit Suchtmittelabhängigen, stellt das Qigong einen Weg dar, welcher Entwicklung, Sinnfindung und Heilung fördern kann, gerade auch für Menschen mit solchen Problematiken. Dies werde ich in der vorliegenden Arbeit darlegen und begründen.

Einen Schwerpunkt bildet hierfür die Darstellung des, bisher unveröffentlichten, Modells Wilhelm MERTENS' zur Suchtentstehung und den Wirkmechanismen, die das Qigong für betroffenen Menschen bietet. Wilhelm MERTENS ist dipl. Bioingenieur, und seit 20 Jahren Qigong- und Taijiquanlehrer. Er leitet die Schule für „bewegende und berührende Künste" in Hamburg (gemeinsam mit Dr. M. PLÖTZ), ist Vorsitzender des dt. Dachverbandes für Qigong und Taijquan und war mehr als 10 Jahren in der Suchthilfe (bei der Therapiehilfe e.V., Hamburg) als Qigonglehrer tätig. Auch mein Qigonglehrer ist er seit einigen Jahren.

Sein Erklärungsmodell zeichnet sich durch eine positive Wertung des Drogenabhängigen aus. Ursächlich für dessen Erkrankung ist nach MERTENS kein Mangel, sondern eine besondere Sensationsfähigkeit, die allerdings nicht ausreichend bewältigt wird.

Nach der Darlegung des Modells, werde ich es mit Theorien der Krankheits- und Gesundheitsforschung, vor allem dem Salutogenese-Modell und dem Vulnerabilitäts-Stress-Modell, in Beziehung setzen. Zudem stelle ich im Laufe der Arbeit, an verschiedenen Punkten, Bezüge zur Biophotonenforschung und -analyse her. Ihr vitalistischer und quantenphysikalischer Hintergrund lässt lebendige Prozesse unter einem anderen Blickwinkel als die klassische Schulwissenschaft begreifen. Die Biophotonenanalyse macht Gesundheit und Lebendigkeit messbar und bietet so die Möglichkeit, auch die Einflüsse des Qigong auf den Menschen, unter diesen Gesichtspunkten zu betrachten.

Folgend wende ich mich der eigentlichen Suchtforschung zu, lege Probleme in der Definition des Sucht- und Abhängigkeitsbegriffes dar, um das Phänomen „Sucht" dann aus biochemischer, lerntheoretischer und lebendigkeitstheoretischer Sicht zu skizzieren.

Weiterhin stehen das Qigong und seine möglichen Wirkungen, bezogen auf die zuvor beschriebene Zielgruppe, im Vordergrund. Hierfür führe ich kurz in das Qigong ein und stelle Parallelen zwischen dem traditionell chinesischen Denken und der Biophotonentheorie her. Ich schildere Wirkzusammenhänge, die im Qigong begründet sind, wie das Eintauchen in das Wahrnehmen und Regulationsmöglichkeiten emotionaler und physiologischer Prozesse, sowie Erfahrungen des Einsseins und sinnstiftende Aspekte. Abschließend benenne ich Gefahren und Widerstände, die beim Praktizieren und Vermitteln auftreten können.

Mir ist bewusst, dass der weit gefächerte Charakter dieser Arbeit auf Kosten einer Vertiefung einzelner Themen und Aspekte geht. Da aber MERTENS Modell unveröffentlicht ist und in diesem Bereich noch nicht viele Publikationen zu finden sind, möchte ich zunächst eine Standortbestimmung vornehmen.

Die Biophotonentheorie und ihre Konsequenzen, die immer wieder in diese Publikation einfließen, sind nur begrenzt bekannt, daher hier eine kurze Einführung.

Einführung in die Biophotonentheorie

Die Biophotonentheorie bietet ein revolutionäres Erklärungsmodell, sowohl für das Verständnis aller Lebensprozesse, als auch für die Wirkungen des Qigong im Sinne einer Kohärenztherapie. Ausgehend von Quantenphysik, Biologie und vitalistischer Tradition, basiert dieser Forschungszweig auf Forschungen und Erkenntnissen namhafter Wissenschaftler, wie Alexander G. GURWITSCH, Fritz-Albert POPP, Ilya PROGOGINE (Nobelpreisträger für Chemie 1977) und Erwin SCHRÖDINGER (Nobelpreisträger für Physik 1933).

Als die Geburtsstunde der Biophotonentheorie wird ein Experiment (1922) GURWITSCHs – ein russischer Biologe und Mediziner – betrachtet. Er stellte fest, dass es bei jungen Zwiebelwurzeln an der Stelle zu vermehrtem Zellwachstum kommt, auf die eine zweite Zwiebelwurzel gerichtet ist. Diese Wachstumsstimulation unterblieb, sobald er die Zwiebeln durch Fensterglas trennte (schirmt ultraviolettes Licht ab), erfolgte aber bei Quarzglas (ist durchlässig für ultraviolette Strahlung). Dies ließ den Schluss zu, dass Licht (elektromagnetische Strahlung) im ultravioletten Bereich für diesen Effekt verantwortlich ist. GURWITSCH nannte dieses Licht „mitogenetische", also zellteilungsauslösende Strahlung (siehe ebd. 1926).

Diese mitogenetische Zellstrahlung konnte 1975 von RUTH, mittels eines ultraempfindlichen Lichtvervielfachers, zweifelsfrei nachgewiesen werden (vgl. RUTH 1977). Das Spektrum erstreckt sich nicht nur auf den UV-Bereich, sondern auch über den sichtbaren bis in den Infrarotbereich hinein. Diese Zellstrahlung ist ultra schwach und kohärent, wie Laserstrahlung und eignet sich so ideal zur Informationsübertragung (vgl. POPP 1984).

Kohärenz bedeutet hier keine starre, unflexible Ordnung, sondern eine dynamische Stimmigkeit, ein multiplikatives Zusammenwirken (lat. cohaerere = zusammenhängen, verbunden sein, Bestand haben). Sie bedingt, dass geringe Energien notwendig sind, um nachhaltige Wirkungen zu erzielen. POPP verwendet das Bild einer gleichmäßig schwingenden Schaukel, um Kohärenz zu verdeutlichen: „Schon der nächste Schub könnte eine einmal in Gang gesetzte Bewegung wieder bremsen, wenn er nicht ‚rhythmisch', hier stets synchron mit der Schwingung, erfolgte. Andererseits vermögen beliebig schwache Impulse, ‚kohärent' in die Geschwindigkeitsrichtung der Schaukel angesetzt, hohe Amplituden und beständige Schwingungen anzuregen" (ebd. 1984, 100).

WEINBERG (2004, 186) definiert Kohärenz als „ein Maß des Zusammenwirkens aller Zellen und Organe, das auf der Fähigkeit beruht, frequenzkodierte Information mit elektromagnetischen Wellen zu übertragen" (vgl. auch MERTENS Definition des „Qi", S. 39).

Die **Biophotonentheorie** geht davon aus, dass die Zellstrahlung ein kohärentes und dynamisches Biophotonenfeld (Photonen sind Lichtquanten) an der Laserschwelle bildet, welches den Organismus mit allen seinen stofflichen Prozessen einbettet, informiert und somit reguliert.

Die **Laserschwelle** beschreibt einen Bereich genau an der Grenze zwischen kohärentem geordnetem Laserlicht und chaotischen herkömmlichen Licht. Zu behaupten Kohärenz wäre prinzipiell gut und chaotische Felder schlecht würde zu kurz greifen. Chaotische Felder bieten die Möglichkeit des Wandels, der Entwicklung. So kann das Feld an der Laserschwelle sowohl geordnet und interferenzfähig sein (wichtig z. B. bei hoher Stoffwechselaktivität), als auch Wachstum fördernd wirken, abhängig von dem jeweiligen Bereich in dem es schwingt.

Gespeichert und abgestrahlt wird das kohärente Licht vor allem durch die pulsierende Doppelhelix der DNS, aber auch durch pulsierende Zellorganellen, Neuronen, Transmitterrezeptoren, sowie der Muskulatur und dem Körperwasser. Diese schwingenden Systeme werden biologische Oszillatoren genannt. Es sind demnach rhythmische Bewegungen (Frequenzen), die den Organismus abstimmen und als Ganzes agieren lassen. „Lebende Organismen speichern von daher gesehen Beweglichkeit und Wirksamkeit (‚Energie'), die ‚immer bereit stehen und jederzeit mobilisierbar' sind" (WEINBERG 2004, 195).

Die Speicherfähigkeit für Licht, für Ordnung wird Resonatorgüte genannt und entspricht wiederum der Kohärenz eines Feldes. Sie kann Aufschluss geben über den Gesundheitszustand eines Organismus und ist um ein Vielfaches höher als beispielsweise bei einem technisch hergestellten Laser, so dass auch ultraschwache Strahlungsintensitäten ausreichend sind, um den Körper zu regulieren (vgl. BISCHOF 1995, 193).

Ein weiterer wesentlicher Begriff in der Biophotonenforschung, ist der der negativen **Entropie**. Sie steht im engen Zusammenhang mit der Resonatorgüte. Entropie meint die Tendenz zum Ausgleich aller Unterschiede (z. B. die Tendenz aller Energie sich von einem Gebiet höherer Konzentration in ein Gebiet niedriger Konzentration auszubreiten, vgl. BISCHOF 1995, 481). Entropie bedeutet also Strukturverlust, Zerfall. Allen lebenden Organismen ist aber auch das gegenpolige Prinzip die Neg-Entropie immanent: Die Fähigkeit Ordnung zu speichern, Struktur und Kohärenz zu erhalten.

Der Bereich der möglichen Anwendungen dieses Forschungszweiges ist groß. Die Biophotonenmessung ist nicht invasiv und mit relativ geringem Aufwand verbunden. Allerdings ist das hochdynamische Feld eines Lebewesens nicht mit nur einer Messung zu verstehen. Einen wichtigen Beitrag leistet die Biophotonentheorie bereits in der Krebsforschung, im Nachweis der Wirksamkeit von Homöopathie, Akupunktur, Qigong und in der Lebensmittelqualitätsanalyse (siehe BISCHOF 1995). Erklärbar werden Formungsprozesse, da das Biophotonenfeld als Blaupause dient.

Auch die emotionalen und heilsamen Wirkungen von Klängen und Musik, die ja ebenso aus geordneten Schwingungen besteht, werden nachvollziehbar.

Die Biophotonentheorie kann Brücken schlagen zwischen traditionell östlichem und westlichem Denken, da sich energetische Modelle, wie die traditionell chinesische Medizin, durch sie stützen lassen.

Aufgrund des eher vitalistischen Ansatzes, welcher sich in der Wissenschaftsgeschichte gegenüber dem Materialismus nicht durchsetzen konnte, wurde dieser Forschungszweig, zumindest in der westlichen Welt, lange Zeit in das Reich der Esoterik verbannt und beteiligte Wissenschaftler diffamiert (vgl. POPP 1999). 2001 stufte nun auch das Bundesministerium für Bildung und Forschung die „Biophotonik" (welche allerdings nicht 1 zu 1 mit der Biohotonentheorie gleich zu setzen ist) als prioritäres Themenfeld ein und stellt im Zuge dessen Fördermittel zur Verfügung:

> „Die ‚Biophotonik' stellt eine Möglichkeit dar, neue physikalische Prinzipien alternativ, ergänzend und weiterführend zu bisherigen Verfahren der Optik für den Einsatz in den Lebenswissenschaften wie Medizin insbesondere Biomedizin, Pharmazie, Bio- und Gentechnologie, Landwirtschaft, Ernährung und Umwelt zu nutzen. Sie wird in den Handlungsempfehlungen der Agenda aufgrund ihres breiten innovativen Anwendungs- und Marktpotenzials als prioritäres Themenfeld identifiziert" (BMBF 2001).

Weit mehr öffentliches Aufsehen als die Biophotonenforschung fand die seit den 50iger Jahren vorangetriebene Erforschung des biochemischen Körpers. Vor allem auch in den 90iger Jahren („the decade of the brain") wurden zahlreiche Transmitterstoffe und Rezeptoren entdeckt und deren Funktion für den stofflichen Informationsaustausch weitgehend entschlüsselt. Auch konnten so neue Theorien zur Suchtentstehung und dem körpereigenen Belohnungssystem entwickelt werden. Wie jedoch genau dieses hochkomplexe System der biochemischen Prozesse zusammenarbeitet und was wiederum die biochemischen Vorgänge steuert, beispielsweise formgebend wirkt, ist aus diesem Blickwinkel nicht ausreichend zu erklären.

BISCHOF (1995, 260) fragt in diesem Zusammenhang: „Wie kommt es denn, daß die in jeder Zelle pro Sekunde Hunderttausende von wohlkoordinierten chemischen Umsetzungen stattfinden, die, bestens aufeinander abgestimmt, nicht nur in jeder Zelle, sondern über Zellverbände hinweg, in Organen, ja im gesamten Organismus in diffizilster Weise zusammenwirken?" BISCHOF beantwortet seine Frage auf folgende Weise: „Im Nichtgleichgewichtszustand entsteht aus dem chaotischen Wärmefeld ein strukturiertes, kohärentes Feld, das eine gezielte und geordnete Anregung von Molekülen und als Folge davon die gezielte Aktivierung oder auch Unterbindung chemischer Reaktionen erlaubt. Es entspricht eher dem Wesen der Natur, wenn man annimmt, dass sie ihre Kräfte gezielt und effizient einsetzt" (ebd. 1995, 261).

Erleichtert wird die Vorstellung, dass ein elektromagnetisches Feld die biochemischen Vorgänge steuert auch durch die Tatsache, dass Rezeptor und Transmitter keine festen Strukturen darstellen (das Schlüssel-Schloss-Bild also unzureichend ist), sondern sie ebenso wie das elektrodynamische Feld schwingen.
„Im Unterschied zu gefrorenen Wassermolekülen, die schmelzen oder sich in Gas verwandeln, wenn ihnen Energie zugeführt wird, reagieren die flexibleren Rezeptormoleküle auf Energie und chemische Reize mit Schwingungen. Sie winden sich, flattern und summen sogar, während sie die Form wechseln, wobei sie häufig zwischen zwei oder drei bevorzugten Formen oder Konformationen hin- und herspringen" (PERT 1999, 29).

„Apart from the chemical body, there is at least an electromagnetic body which plays the same important role as, or even a more important role than the chemical one" (ZHANG 2003, 7).

Nach dieser kurzen Einführung in die Biophotonentheorie, wende ich mich nun dem Modell MERTENS' zur Suchtentstehung zu.

Das „offene System Mensch" nach MERTENS

MERTENS legte mir seinen Erklärungsansatz zur Entstehung von Abhängigkeitsstörungen und den Wirkmechanismen des Qigong in mehreren ausführlichen Gesprächen, im Zeitraum April 2004 bis Januar 2005, dar. Es ist bisher unveröffentlicht, so dass Quellenangaben zu Einzelaussagen fehlen. Zum besseren Verständnis erläutere ich zunächst grundlegende Begriffe seines Modells, die Sensationsfähigkeit, das Zusammenwirken mit Emotion, Kognition und Handlungen des Menschen. Diese erweitere ich mit Gedanken der Biophotonentheorie und zeige zudem weniger günstige Formen der Krisenbewältigung auf.

Sensation

MERTENS definiert Sensation als das wahrnehmbare Produkt der Verarbeitung eines sensorischen Reizes in Gehirn und Körper. Also die Aktion – nicht Handlung – des Organismus, ausgelöst durch einen Reiz. Sie umfasst sowohl kinästhetische (Empfindung einer Bewegung), taktile, optische und andere sinnliche Wahrnehmungen.

Die Sensationsfähigkeit bildet in seinem Modell eine grundlegende Eigenschaft des Menschen und aller Lebewesen. Sie beschreibt wie intensiv, umfassend und differenziert diese Wahrnehmungen im Verhältnis zum ursprünglichen Reizmuster erlebt werden. Wie offen bin ich für die Außen- und Innenwelt? Wie viel Welt lasse ich herein treten?

Die Welt wird nach MERTENS auf der Ebene der Sensationen, in Zusammenhängen erkannt und verstanden. Viele Informationen können gleichzeitig verarbeitet werden. Wir betrachten ein Bild und haben einen Gesamteindruck. Wir begreifen die Atmosphäre, die Stimmung und Zusammenhänge, ohne auf einzelne Aspekte gesondert einzugehen, etwas bedenken zu müssen.

In der Quantenphysik und der Biophotonenforschung wird der Mensch auch als ein „ideal offenes System" bezeichnet: „Sie [die spektrale Verteilung der Zellstrahlung, Anm. der Verf.] weist nämlich darauf hin, dass der emittierende Organismus ein so genanntes ‚ideal offenes System' bildet – ein ‚Antennensystem', das seine Empfänger und Sender in idealer Weise (das heißt mit größter Auflösung bei größter Sensitivität) auf seine Umgebung abgestimmt hat" (POPP in BISCHOF 1995, 123).

Die Offenheit des Systems beinhaltet sowohl das Risiko verletzt zu werden, des Schmerzes und daraus folgender als negativ empfunder Emotionen, als auch den Schatz des Erspürens, der Intuition und die Möglichkeit der Verbindung und Auseinandersetzung mit sich, anderen Lebewesen und der Umwelt und ist somit lebensnotwendig. M. E. ist keine wirkliche Gesundheit und Entwicklung möglich, ohne die Wertschätzung und Annahme dieser Fähigkeit.

Emotion

Emotion bedeutet Gemütsbewegung. Es leitet sich ab von lat. motio: bewegen, erregen, erschüttern und lat. emovere: herausbewegen (vgl. PFEIFER etymol. Wörterbuch 1993).

Nach MERTENS entstehen Emotionen, wenn Sensationen in Beziehung zu den eigenen Erfahrungswerten, dem eigenen Gemüt treten und es bewegen. Was bedeutet das für mich? Was hat das mit mir zu tun?

Emotionen sind die Bewertung der Welt. Auch PERT (1999, 221) beschreibt dass „Wahrnehmungen, […] an sensorischen Schaltstellen, entlang eines Gradienten aus Lernerfahrungen und früheren Gefühlen gefiltert werden."

Gemüt meint die Gesamtheit aller Sinnesregungen und seelischen Kräfte. Es umfasst also mehr, als beispielsweise der Begriff „Charakter", Unbewusstes sowie die stofflich körperliche Ebene.

Der Vorgang der Bewertung findet meist unbewusst statt, so dass nur die folgende Emotion spürbar wird (und auch diese kann unterdrückt werden). Der Begriff Welt bezieht sich in diesem Modell nicht nur auf die Außen-, sondern auch auf die Innenwelt. Beispielsweise lösen Bewegungen Emotionen aus. Wie bewerte ich die Spannungs- und Lageveränderungen? Ist es angenehm, unangenehm, gefährlich, anregend…?

Die adäquate Einschätzung und Bewertung eingehender Informationen kann überlebenswichtig sein. Sie definiert unser Verhältnis zur Welt. Zu beobachten ist dies beispielsweise bei Höhen. Die meisten Menschen irritiert es nicht auf dem Balkon eines hohen Hauses zu stehen. Ist allerdings das Geländer nicht vorhanden, verändert sich die Bewertung und resultierende Handlungen sehr deutlich (Adrenalinausschüttung/Stress und Rückzug). Die Subjektivität dieser Einschätzung kann am Beispiel einer sich dem Gesicht nähernden Hand erläutert werden. Sie kann, aufgrund von entsprechenden Vorerfahrungen, bedrohlich erlebt oder aber auch mit Vorfreude auf eine Liebkosung erwartet werden.

Die einfließenden Informationen treffen auf mich, auf meinen durch Erfahrungen geprägten Leib und können meinen Erregungszustand verändern. Die Biophotonenforschung untersucht die Verbindung zwischen Emotionen und dem elektrodynamischen Feld des Menschen. Die Wechselwirkung kann demnach wie folgt beschrieben werden: Eingehende Frequenzen (Reize) treffen auf das schwingende biodynamische Feld des Menschen, welches beeinflusst ist durch die momentane Gemütslage, den Erregungszustand, die Erfahrungen, den Gesundheitszustand, natürliche Rhythmen etc. Die Wechselwirkung zwischen Reiz und biodynamischem Feld, wird im Organismus zur Information und kann in Form einer Sensation und Emotion für den Menschen spürbar werden. „Der neue Zustand, Antwort auf die Provokation, entsteht durch Integration, dadurch daß der Reiz das Wellenfeld des Organismus moduliert und insofern auch erweitert" (BISCHOF 1995, 290).

In einem Versuch von RAVITZ et al. konnten Messungen des elektromagnetischen Feldes an mehr als 500 Personen über mehrere Jahre hinweg den engen Zusammenhang zwischen menschlichen Feld und dem emotionalen Zustand, sowie dem körperlichen Wohlbefinden nachweisen (RAVITZ, L.J. 1959 zit.

nach BISCHOF 1995, 86). Die Messungen gaben sowohl über Intensität als auch Dynamik der Emotion Auskunft.

„But the state of the electromagnetic body, in particular the communication through the electromagnetic field, has more closer connection to psychological states and emotion (...) than is the dense chemical body, so that it would change long before any substantial pathological change of the dense chemical body would take place" (ZHANG 2003, 9)

Kognition

Kognitive Prozesse stehen in komplementärer Beziehung zur Sensationsfähigkeit des Menschen: MERTENS beschreibt, dass hier das Bild nicht im Ganzen wahrgenommen wird, sondern Einzelheiten fokussiert und analysiert werden. Aus dem Gesamten wird Spezielles extrahiert und linear mit Anderem verknüpft. Auf dieser Ebene können nur begrenzt Informationen verarbeitet werden. Bewegungsabläufe beispielsweise sind zu komplex, um hinreichend kognitiv verstanden werden zu können. Sie müssen erspürt und erlebt werden. Zentrale Ausprägungen der Kognition bilden die lineare Sprache und Gedanken.

Die Kognition beinhaltet (wie auch die Handlung) Bewältigungsprozesse. Es wird die aktuelle Information mit den Möglichkeiten verglichen, sich Antworten auf die Irritation erdacht und ausgewählt.

Ziel sollte es nach MERTENS sein, möglichst flexibel zwischen den Ebenen (Kognition und Sensation) zu wechseln, um so umfassende Erkenntnisse zu ermöglichen. Ich betrachte das Bild im Ganzen, gewinne einen Gesamteindruck, dann wende ich mich Einzelheiten zu, stelle Verknüpfungen zu bereits Bekanntem her, um dann meine Wahrnehmung auf „höherer" Ebene wieder zu weiten (siehe auch TIWALD 2001, 3).

Handlung/ äußeres Bewegen

Ist der Regelkreis (Sensation–Emotion) ausgelenkt, das Feld vermehrt erregt fragt es nach einer Antwort, einer Handlung, einer Bewegung, um einen relativen Gleichgewichtszustand auf höherem Erfahrungsniveau wieder herzustellen.

Das Bewegen betrachtet MERTENS nicht unabhängig (als reine Lokomotion), sondern in Bezug auf die Um- und Innenwelt des Menschen, deren Beziehungen und Anforderungen. Es schafft Verbindung und Zusammenhang.

Er betont die Bedeutung der **Achtsamkeit**, das Sich-Einlassen und Wachsein für den Prozess, bei der Suche nach adäquaten Handlungen, dem Aufrufen von Bewegungen. Achtsamkeit bedeutet Innehalten, Ankommen im Jetzt. Nur hier bin ich wirklich im Leben. Die Vergangenheit ist geschehen, das Zukünftige noch nicht vorhanden.

Achtsamkeit bewirkt nach MERTENS, dass nicht nur gelernte „automatisierte" Muster abgerufen werden, sondern ein Raum eröffnet wird, indem neue Strategien und Bewegungsabläufe vom Organismus erprobt werden können. Achtsamkeit bietet also den Schlüssel, um vorhandene Muster zu verändern.

Ein Beispiel im übertragenen Sinne: Bin ich mit dem Fahrrad unterwegs und mit meiner Achtsamkeit aber nicht wirklich beim Geschehen, kann ich nur bekannte häufig gefahrene Strecken nutzen. Bin ich aber mit allen Sinnen dabei, wird mein Handlungsspielraum, meine Flexibilität vergrößert, so dass ich auch neue Strecken ausprobieren kann. Dies gilt nicht nur für bewusste Prozesse. Lerne ich beispielsweise eine neue Sportart und wiederhole achtsam bestimmte Bewegungsabläufe so werden sich diese, auch ohne bewusstes Zutun, vermehrt optimieren. Ist dies nicht der Fall, wird der Lernprozess deutlich verlangsamt oder unmöglich gemacht.

Durch meine Achtsamkeit kann also

a) Unbewusstes bewusst werden und dadurch steuerbar oder
b) Bedingungen geschaffen werden in denen sich der Organismus besser aussteuert und optimiert.

Nach MERTENS bietet wiederkehrendes achtsames Bewegen dem Organismus die Möglichkeit, sich im hohen Maße optimal und somit energiesparend und verschleißmindernd an die Belastung anzupassen. Der Organismus hat die Möglichkeit die Bewegung zu differenzieren und zu „verstehen".

Ein zweiter Aspekt, neben der Achtsamkeit, bildet der Grad der Motivation etwas in Bewegung zu bringen, zu handeln. MERTENS nennt diesen Aspekt den Veränderungsantrieb. Ähnlich wie im Salutogenesemodell, in dem zwischen Widerstandsressourcen und den eigentlich mobilisierten Ressourcen unterschieden wird, so unterscheidet er zwischen Handlungsmöglichkeiten und der eigentlichen Handlung. Regulativ wirkt hier der Veränderungsantrieb.

Die genannten Aspekte, Sensationsfähigkeit, Emotion, Kognition und Handlung bilden verschiedene Ausprägungen einer Einheit und sind nicht, wie es hier vielleicht erscheinen mag, unabhängige Bereiche. Sie bilden, neben den bereits genannten, mannigfaltige Wechselwirkungen und haben immer auch Einfluss auf das Ganze, den Menschen in seiner Umwelt.

TIWALD (1976, 233) entwickelte das Modell eines Persönlichkeits-Tetraeders, welches im Wesentlichen Parallelen zu MERTENS' Persönlichkeitsmodell aufweist. Er beschreibt folgende Wechselwirkung zwischen Sensorik und Motorik: „So kann man begründet annehmen, dass sich die Sensorik durch die Motorik differenziert, und umgekehrt dass sich die Motorik durch die Differenzierung der Sensorik effektiviert" (TIWALD 1976, 234).

Auch haben Denken und Erwartungen wiederum erheblichen Einfluss auf Selektionsprozesse der Wahrnehmung (vgl. Konstruktivismus). TIWALD (1976, 234) bemerkt außerdem „daß sich auch die Wechselwirkung zwischen zwei Bereichen nicht isoliert von den Wechselwirkungen mit und zwischen anderen Bereichen vollzieht, sondern dass immer die gesamte Persönlichkeit mit ihrer Wechselwirkung mit der Umwelt beteiligt ist. Einzelne Wechselwirkungen werden jedoch jeweils dominieren."

Handlung und Selbstvertrauen

MERTENS stellt fest, dass die Erfahrung, dass der eigene Körper ein wunderbar feinsinniges Instrument ist, welches mir hilft Herausforderungen gewachsen zu sein, zu mehr Selbstvertrauen führt. Selbstvertrauen eröffnet wiederum neue Handlungsmöglichkeiten. Ich lerne schnell, variabel und adäquat zu reagieren, fühle mich handlungsfähig und sicher in mir und der Welt. Auch hier finden also Wechselwirkungen statt.

Werden im Gegensatz dazu keine oder nur ungünstige Bewältigungsstrategien gefunden löst dies, bei entsprechendem Erregungszustand und Dichte zwischen Sensation und emotionaler Wertung, **Ängste** und Frustrationen aus, welche ihrerseits den Zugang zu adäquaten Handlungsmustern erschweren. Der Mensch kann den Stressor nicht einschätzen, bzw. findet er keinen Weg ihn zu integrieren, mit ihm umzugehen, sich heraus zu bewegen. Die Erregung wird gestaut, blockiert, Alarmzustand und Spannung bleiben. Tritt dies häufig auf, bzw. wird diese Ohnmacht zum vorherrschenden Lebensgefühl, werden weniger günstige Bewältigungsstrategien genutzt, die die Spannung vorerst lösen.

Weniger günstige Formen der Krisenbewältigung

Folgende Bewältigungsstrategien werden als pathologisch bewertet, trotzdem bilden sie meist die bestmöglichste Form der Reaktionen, die einem Menschen aktuell zur Verfügung stehen (im Vergleich zum Suizid beispielsweise). M. E. kann dann vom „krank sein" gesprochen werden, wenn sich diese Zustände chronifizieren (also kein Zurückpendeln mehr zur Laserschwelle stattfindet) oder die gegebenen Lebensumstände und Haltungen solche Reaktionen nicht tolerieren, so dass der Leidensdruck der Betroffenen zu hoch wird:

- Ich dämpfe meine Sensationsfähigkeit und Emotionen, entkopple mich aus der Wirklichkeit und verschaffe mir positiv empfundene Emotionen (z.B.: durch Drogen oder Alkohol).
- Ich schaffe mir meine eigene Welt (Wahn), innere Konflikte treten nach außen.
- Ich erkläre mir meine Ängste mittels einer paranoiden Weltsicht.
- Ich ziehe mich aus der Welt zurück, entwickle eine Depression.
- Ich spalte bestimmtes Erleben und Emotionen ab (Neurotisierung).

Genannte Krankheitsbilder können auch gemeinsam auftreten. Häufig entsteht aus einer Depression, Angsterkrankung oder Persönlichkeitsstörung heraus eine Suchterkrankung (beispielsweise im Sinne einer Selbstmedikation), so dass in der Schulmedizin von Komorbidität, bzw. Koinzidenzen gesprochen wird (vgl. SCHWAB 1994, 45).

Die Biophotonentheorie begreift Krankheit als einen Mangel an Stimmigkeit, an Kohärenz im Organismus. „Sie [die Krankheit, Anm. der Verf.] ist gleichbedeutend mit einem Verlust an Kohärenz und ganzheitlichen Funktionieren, einem Zustand der „Devolution", des Rückfalls in eine tiefere Evolutionsstufe, einer Einschränkung der verfügbaren Informationsbasis und der Sensibilität und Reaktionsfähigkeit" (BISCHOF 1995, 291). Der Ordnungsgrad sinkt, die Schaukel schwingt nicht mehr gleichmäßig.

Besonders auffällig wird dies bei Krebserkrankungen: Gewebe isoliert sich und wächst ohne Notwendigkeit des Gesamtorganismus. Das wuchernde Gewebe wird taub gegenüber den äußeren Informationen, spielt seine eigene Musik. Aber auch bei psychischen Krisen wird der Rückfall in eine ältere Entwicklungsstufe in Form einer Regression deutlich.

Andererseits beinhaltet dieser Zustand der verminderten Kohärenz, auch die Chance auf Veränderung und Wachstum. Krisen und deren Bewältigung sind also Teil des Entwicklungsprozesses eines Lebewesens.

MERTENS' Modell der Suchtentstehung

Nach der Erläuterung zentraler Begriffe MERTENS', werde ich nun sein Modell zur Entstehung von Abhängigkeitserkrankungen darlegen.

Persönlichkeitsmerkmale Drogenabhängiger

Nach MERTENS' Beobachtungen, zeichnet den (ehemals) Drogenabhängigen, wobei er sich vor allem auf Opiatabhängige bezieht, eine besondere Sensationsfähigkeit aus. Er ist in der Lage besonders vielfältig und intensiv die Welt wahrzunehmen, sich zu öffnen und von ihr berühren zu lassen.

Die emotionale und kognitive Bewertungsebene aber ist, seiner Meinung nach, nicht ausreichend genug entwickelt, um diese intensiven Sensationen adäquat mit sich in Beziehung zu setzen. Es besteht eine starke Dichte zwischen dem Erleben und der persönlichen Wertung oder anders ausgedrückt, dieser Mensch ist schnell emotional betroffen und verletzbar, sein Gemüt dadurch verunsichert. Er kann schwer eine entlastende Distanz dem Erleben und den Emotionen gegenüber einnehmen, so dass obig genannter Prozess der Verunsicherung in Gang kommt (siehe oben: Handlung und Selbstvertrauen). Der Betroffene ist vor allem mit Krisenbewältigung beschäftigt, in Reiz-Reaktions-Schemata verhaftet. Es entstehen Ängste, Frustrationen und ein schwaches Selbstvertrauen.

Trotz allem besteht aber nach MERTENS bei Drogenabhängigen eine große Sehnsucht nach intensiven Erlebnissen, bei gleichzeitiger Angst vor einer Handlungsunfähigkeit. Diese Sehnsucht ist von besonderer Bedeutung. Nicht alle Menschen mit diesem Verhältnis zwischen intensiver Sensations- und eingeschränkter Handlungsfähigkeit müssen eine Sucht oder andere psychische Symptome entwickeln. Sie haben eher die Möglichkeit sich zu schützen, zum Beispiel durch ein zurückgezogenes, risikoärmeres Leben. Der Suchtgefährdete aber sucht Grenzerfahrungen oder auch leidvolle, aber intensive Beziehungen und begibt sich so wiederum in Gefahr den daraus resultierenden Anforderungen nicht gewachsen zu sein.

Durch diese besonders ausgeprägte Sensationsfähigkeit, bei gleichzeitig geringer Distanz zur persönlichen Wertung, gefährden auch andere schwierige Bedingungen und Konflikte diese Menschen im besonderen Maße und können so eine Drogenabhängigkeit auslösen (MERTENS benennt die beschriebenen Persönlichkeitsmerkmale als notwendig, aber nicht hinreichend für die Entstehung einer Suchterkrankung). Drogen bieten den betroffenen Menschen die Möglichkeit aus ihrer Realität auszusteigen, der Emotionen und Gefühle (zumindest zu

Beginn einer Abhängigkeit) wieder Herr zu werden. Drogen (und vor allem Opiate) dienen als Reizschutz und Puffer.

MERTENS erläutert weiter, wie durch diese negativen überfordernden Erfahrungen der verunsicherte Menschen selbst, häufig aber auch sein Umfeld (Familie, Therapeuten etc.), die besondere Sensationsfähigkeit abgewertet wird.

Ganz zentral für MERTENS' Modell ist es aber, diese ausgeprägte Sensationsfähigkeit als besonderes Potential wert zu schätzen, bei gleichzeitigem Anheben der Bewertungsebene und Handlungsfähigkeit auf ein ausreichendes Niveau.

Denn eine ausgeprägte Sensationsfähigkeit bietet die Chance auf ein erfülltes, intensives Leben. Ist dieser Mensch in der Lage sein Umfeld günstig zu gestalten, kann er durch die Auseinandersetzung mit der Welt wachsen und durch seine Erlebnisfähigkeit besondere kreativ oder auch einfühlsam sein. Die entscheidende Frage m. E. ist, auf welches Feld diese Besonderheit trifft. Ist dieser Mensch und sein Umfeld in der Lage den Schatz zu heben? Darf Anderes sein und wird es getragen? Lerne ich Hilfsmittel, um mich zu schützen (beispielsweise mich auch zu verschließen oder zu entziehen) und handlungsfähig zu bleiben? Oder überfordern mich die gegebenen und geschaffenen Bedingungen?

Diese Reizoffenheit oder Sensationsfähigkeit von vornherein zu pathologisieren, sowohl von den Betroffenen selbst als auch von Angehörigen und Therapeuten, hemmt die Chance, die in ihr liegenden Potentiale zu entwickeln.

MERTENS konnte die genannten Persönlichkeitsmerkmale bei allen ihm bekannten ehemals Drogenabhängigen in unterschiedlichen Ausprägungen beobachten, wobei diese Gruppe allerdings nicht groß genug ist, um als repräsentativ gelten zu können.

Mögliche Gründe für diese Persönlichkeitsmerkmale

Gründe für diese Persönlichkeitsstruktur können individuell unterschiedlichster Natur sein. MERTENS nennt hier sowohl genetische Dispositionen (beispielsweise ursächlich für die besondere Sensationsfähigkeit), als auch soziale Faktoren (wie zum Beispiel erlebnisfeindliche Familien und Städte), die eine mangelnde Handlungsfähigkeit bedingen können.

Nachfolgend lege ich meinerseits mögliche Einflussfaktoren dar.

Auch schwierige Bedingungen in der Kindheit können einer besonderen Sensationsfähigkeit bei gleichzeitiger Dichte zu persönlicher Wertung zugrunde liegen, beispielsweise kann das Gehör geschärft werden, wenn ein schlagender Vater erwartet und gefürchtet wird.

Auch für Probleme auf der Handlungs- und Bewertungsebene können Über- oder Unterforderung verantwortlich sein (vgl. KLEIN 1991, 228). Werde ich häufig überfordert, erlebe häufig, dass ich nicht fähig bin Anforderungen zu erfüllen, werde ich schnell Reize als potentiell gefährlich bewerten, so dass eine besondere Dichte zwischen Sensation und Bewertung entsteht. Zudem wird sich meine Bewertung gegenüber der Bewältigung und Freundlichkeit der Welt voraussichtlich negativ entwickeln, welches wiederum, im Sinne einer „selbsterfüllenden Prophezeiung", wirksam werden kann. Unterforderungen hingegen führen zu einem geringen Schatz an Handlungsstrategien. Ich bin nicht gut vorbereitet für das Leben und werde auch an mir zu zweifeln beginnen, wenn dann schwerwiegende Probleme auftreten, die mit meinem Erfahrungsschatz nicht zu lösen sind.

Möglich ist auch, dass die Bewertungs- und Beziehungsebene durchschnittlich entwickelt ist, aber, im Hinblick auf die stark ausgeprägte Sensationsfähigkeit, nicht ausreichend handlungsfähig macht.

Eine eingeschränkte Handlungsfähigkeit kann sich auch in der Phase eines Überganges erst entwickeln, wenn alte Strukturen sich auflösen und neue sich noch nicht etabliert haben. Die alten Handlungsstrategien sind nicht mehr adäquat oder stehen nicht mehr zur Verfügung. Anforderungen, die zuvor kaum ein Problem darstellten, können nicht mehr bewältigt werden, Selbstzweifel und Ängste treten auf und verstärken das Geschehen.

Zusammenfassend kann festgestellt werden, dass nach MERTENS den Drogenabhängigen eine besonders ausgeprägte Sensationsfähigkeit mit einer starken Dichte zur persönlichen Wertung ausmacht, bei gleichzeitiger Sehnsucht nach intensiven Erlebnissen, trotz Verunsicherungen und Ängsten. Kommen dann weitere Stressoren hinzu, kann sich eine Sucht entwickeln.

Das eigentliche Problem liegt nach MERTENS aber nicht in der Sensationsfähigkeit des Betroffenen, sondern vielmehr im Umgang mit demselben. Diese Sensationsfähigkeit stellt ganz im Gegenteil einen besonderen Schatz dar, der, wenn das Gemüt und die Handlungsfähigkeit gestärkt werden und ein Gefühl für das was einem Gut tut entwickelt wird, gehoben werden kann. Was bedeutet, ein erfülltes Leben mit großen Entwicklungspotentialen führen zu können.

Folgende Ziele für eine therapeutische Intervention

1. Bedingungen schaffen, so dass die Bewertungs- und Handlungsfähigkeit sich auf ein ausreichendes Niveau heben kann.
2. Genussvolles Erleben fördern mit gleichzeitigem Angebot von strukturierenden Elementen, um überbordende Emotionen vermeiden zu helfen.
3. Vermittlung von günstigen Bedingungen (Welche Bedingungen/ Menschen sind günstig, welche ungünstig für mich? In welchen Zusammenhängen kann ich mich genussvoll und gefahrlos öffnen?).
4. Die Sensationsfähigkeit positiv bewerten lernen, als besonderen Schatz zu begreifen („Ich bin nicht nur mangelhaft!").

Wie ich im weiteren Verlauf dieser Arbeit genauer untersuchen werde, stellt Qigong eine wichtige Hilfe im Sinne dieser Ziele dar (siehe unten: Wirkzusammenhänge).

Einbindung des Modells

Nach Darstellung der Grundgedanken MERTENS', setze ich nun diesen Ansatz in Beziehung zu anderen Modellen und vertretenen Thesen in der Suchtforschung.

Erklärungsmodelle für das Phänomen der Abhängigkeit wurden von verschiedenen Theorien und Schulen entwickelt (vgl. KRAUSZ 2004). Etablieren konnten sich vor allem Modelle aus dem Bereich der Psychoanalyse, der Lern- oder Verhaltenstheorien, der Systemtheorie und der Neurobiologie.

Gliedern werde ich diesen Vergleich in die Bereiche Persönlichkeitsstruktur, Abhängiger und Umwelt, Salutogenesemodell und Vulnerabilitäts-Stress-Modell.

Die Persönlichkeitsstruktur Drogenabhängiger aus der Sicht anderer Modelle

TRETTER bietet in seinem Buch „Ökologie der Sucht" einen umfassenden Überblick zum Thema Sucht, vor allem aus systemtheoretischer Sicht. Er fasst, die in der Literatur (verschiedener Schulen) beschriebenen und klassifizierten Verhaltens- und Charakterauffälligkeiten von Menschen mit Suchterkrankungen, zusammen. In seiner Zusammenstellung nennt er das Merkmal einer besonderen Erlebnis- oder Sensationsfähigkeit nicht. Doch greift er die beobachtete Verhaltensauffälligkeit „mangelnder Reizschutz" auf, welche nicht näher erläutert wird. „Mangelnder Reizschutz" scheint aber der „Reizoffenheit", des V-S-Modells zu entsprechen. Den Vergleich zwischen der besonderen Sensationsfähigkeit, die MERTENS' beschreibt, und der „Reizoffenheit" ziehe ich dort (siehe oben: Zusammenfassung von MERTENS' Modell).

Die sonst genannten Persönlichkeitsmerkmale widersprechen nicht den genannten Thesen. Ganz im Gegenteil bietet das Modell MERTENS' eine Möglichkeit diese Charaktereigenschaften besser zu verstehen.

Zentrale Persönlichkeitsmerkmale (TRETTER 1998, 333):
- mangelnder Reizschutz
- Impulsivität
- Affektlabilität
- Hilflosigkeitsgefühle mit zeitweise vorherrschender Selbstüberhöhung
- Spannungszustände mit Unfähigkeit die Spannung zu ertragen
- mangelnde Realitätsprüfungsfunktion
- Dominanz des Lustprinzips.

So wird ein Mensch der intensiv erlebt, das Erlebte aber nicht gut mit sich in Beziehung setzen kann, der also vornehmlich mit Krisenbewältigung beschäftigt ist, eher zu Impulsivität und Affektlabilität neigen, als ein Mensch den die Welt nicht so berührt oder der gelernt hat aufkommende Emotionen besser zu integrieren. Fortwährende frustrierende Erlebnisse wiederum führen zu Hilflosigkeitsgefühlen, die in Form von Allmachtsfantasien kompensiert werden können.

In den 70iger Jahren prägte der Psychologe Arvin ZUCKERMAN den Begriff „Sensation Seeking". Er definiert diese Verhaltensdisposition folgendermaßen: „Sensation seeking is a trait defined by the seeking of varied, novel, complex, and intense sensations and experiences, and the willingness to take physical, social, legal, and financial risks for the sake of such experience" (ZUCKER-MAN 1994, 27). Vor allem bei jugendlichen Drogenabhängigen wurde dieses Persönlichkeitsmerkmal beobachtet und als ätiologischer Faktor für eine Suchterkrankung genannt (ZUCKERMAN 1994, 256). Auch MERTENS beschreibt dieses Bedürfnis nach intensiven Erlebnissen, definiert es aber nicht per se als Risikofaktor, wenn derjenige lernt, in welchen schützenden Rahmenbedingungen und Verhältnissen es weitestgehend gefahrlos befriedigt werden kann.

MENNE und NOLTE (2001, 156) nennen, im Rahmen eines salutogenetisch orientierten Präventionsprojektes, eine mangelnde Genussfähigkeit als ursächlich für das schädigende Verhalten: „Ein problematischer Umgang mit legalen und illegalen Suchtmitteln ist meist die Folge einer Entwicklung, in der ein Mangel an sozialer Kompetenz, Genussfähigkeit und Selbstverantwortung eine Rolle spielt." Als Ursache für „Sensation Seeking" und mangelnde Genussfähigkeit gilt eine emotionale Verarmung. „Für die Therapie ist es von großer und manchmal entscheidender Bedeutung, dass Alkohol- und Drogenabhängige häufig keinen oder nur einen schmalen Zugang zu ihrer Emotionalität besitzen (...)" (NISSEN 1994, 11). Diese Beobachtungen stehen zunächst im Widerspruch zu MERTENS Thesen, sie können aber auch als Folge einer als bedrohlich wahrgenommenen ausgeprägten Sensationsfähigkeit und Emotionalität verstanden werden. Ursächlich wäre demnach wiederum ein Überfluss nicht ein Mangel.

WURMSER (psychoanalytische Schule) äußert sich wiederum ähnlich wie MERTENS. Er beschreibt den Drogengebrauch, vor allem von Narkotika, als Abwehrmechanismus gegen „Affektstürme" (WURMSER 1983, 84).

Ob nun Drogenabhängige im Mittel und ursprünglich einen besonders starken oder schwachen Zugang zu ihrer Emotionalität besitzen wird, nach Sichtung der genannten Literatur, nicht einheitlich beantwortet. Hier bedarf es noch weiterer Untersuchungen.

Ein Widerspruch besteht m. E. zwischen MERTENS' Modell der Suchtentstehung und der These, dass es keine alleinige spezifische Suchtpersönlichkeit gibt (KIERMAYR et al. 1994, 90). Der Aspekt, dass Sucht ein multifaktorielles Geschehen in der Interaktion zwischen Individuum, Umwelt und Droge darstellt, impliziert, dass das Geschehen zu komplex ist, um eine spezifische Suchtpersönlichkeit identifizieren zu können (vgl. RÖSINGER 1994, 69). Auch die unterschiedlichen Beobachtungen zur Emotionalität des Drogenabhängigen scheinen dies zu untermauern. MERTENS vermerkt allerdings auch, dass die von ihm beobachteten Persönlichkeitsstrukturen in unterschiedlichen Ausprägungen auftreten.

Weitestgehend deckungsgleich beschreibt KLEIN, ebenso wie MERTENS, die Zusammenhänge zwischen erfolgreichen Handlungen und wachsendem Selbstvertrauen. „Vor allem die Entwicklung des Selbst-Bewußtseins stellt sich nicht nur auf der kognitiven Ebene ein, sondern basiert auf der Erfahrung des ‚ganzheitlichen' Zusammenspiels der seelisch-emotionalen, der körperlichen, kognitiven und sozialen Dimensionen des ‚Ich'. Die hierfür notwendigen Lernprozesse setzen zudem exploratives Handeln, sowie die Fähigkeit und Bereitschaft zu Veränderung und Sich-Einlassen voraus" (KLEIN 1987, 24).

Und auch KRAUSZ erläutert Wechselwirkungen, die zwischen missglückter Selbstregulation und neg. Emotionen entstehen können. „Dies [der spiralförmige Abwärtsprozess, Anm. der Verf.] beschreibt, wie in manchen Fällen die Selbstregulation scheitert und dies zu emotionalem Stress führt, der einen Zirkel wiederholten Scheiterns der Selbstregulation mit weiteren negativen Effekten bewirkt" (KRAUSZ 2004, 2). Er nennt in diesem Zusammenhang aber wiederum nicht das Merkmal einer besonderen Sensationsfähigkeit (oder ähnliche Begrifflichkeiten).

Abhängiger und Umwelt

Als teilweise stützend für MERTENS' These zur Persönlichkeitsstruktur von Abhängigen können Forschungen im Bereich der Bindungstheorie (psychoanalytischer Ansatz) gewertet werden. Demnach weisen Abhängige zu 2/3 (bei der Untersuchung von 71 Familien) einen ängstlich-vermeidenden Bindungsstil auf (SCHINDLER 2001, 6). Als „Suchtbindungsdreieck" wird hier eine Familienstruktur mit anklammernder Mutter und abweisendem Vater beschrieben, die ein hohes Maß an „organisierter Unsicherheit" (vgl. SCHINDLER 2001, 6) für den Betroffenen bedeutet. Dies deckt sich mit MERTENS' These, dass Abhängige ihre Umwelt und Beziehungen als überfordernd erleben und Ängste entwickeln. Widersprüchlich ist aber die Beschreibung „vermeidend", da MERTENS im Gegenteil eine Suche nach intensiven Reizen und Beziehungen beschreibt.

Interessant ist aber auch, dass nach SCHINDLER viele Geschwister der Drogenabhängigen einen sicheren Bindungsstil aufweisen. Dies kann wiederum als Indiz für die Richtigkeit der Aussage MERTENS', dass Süchtige eine besondere Sensationsfähigkeit ausmacht, gewertet werden. Denn, warum zeichnet die Geschwister ein sicherer Bindungsstil aus, wenn sie doch unter ähnlichen Verhältnissen aufgewachsen sind, wie ihre süchtigen Brüder oder Schwestern? Vielleicht litten die später Süchtigen besonders unter dieser Elternkonstellation, da sie die Diskrepanz zwischen anklammernder Mutter und abweisenden Vater stärker als ihre Geschwister erlebt haben, im besonderen Maße persönlich betroffen waren und so wiederum Schwierigkeiten hatten mit der Situation umzugehen. Mir stellt sich zudem die Frage, ob bei der Untersuchung der Abhängigen vor ihrer Erkrankung gleich vielen ein ängstlich-vermeidender Bindungsstil attestiert worden wäre oder ob MERTENS, die von ihm genannten Persönlichkeitsmerkmale beobachtet hätte. Genauer: Was ist Teil der Primärpersönlichkeit und was wurde erst durch die Abhängigkeit und den gesellschaftlichen Umgang damit bewirkt?

Das Leben eines illegalen Opiatabhängigen in dieser Gesellschaft bedingt oder verstärkt zumindest Verunsicherungen sehr stark (außer er ist Mediziner von Beruf oder finanziell abgesichert). Sie leben außerhalb der anerkannten Gesellschaft, sind stigmatisiert und meist kriminell. Sie können zunehmend weniger Verantwortung für etwas übernehmen (z.b. Kindererziehung), was über das eigene Überleben hinausweist. Sie sind häufig bedrohlichen Situationen ausgesetzt, wie Gewalt (auch sich selbst gegenüber) und Übergriffen, keine Drogen oder Geld zu besitzen oder von der Polizei verhaftet zu werden. Sie sind ständig im Stress, haben kaum Pausen. Allein die Droge bietet (innerhalb der „Logik" dieses Lebens) die Möglichkeiten sich geschützt und zufrieden zu fühlen. Dem wird alles andere untergeordnet (Essen, Freunde, Gesundheit etc.). Der Lebensspielraum schrumpft, ebenso die persönliche Freiheit, Beweglichkeit und Lebendigkeit.

Auch Entzüge (zumindest von Alkohol, Kokain und Benzodiazepinen) können angstauslösend wirken (vgl. SCHWAB 1994, 47). In abstinenten Phasen wird die gesellschaftliche Wertung und Zukunftslosigkeit dieser Lebensform besonders deutlich, Schuldgefühle und Selbstabwertungen (oder die Umkehr in Allmachtsfantasien) stellen sich ein. Die Frage nach Sinnvollem im Leben ist nur unzureichend geklärt. Auch andere Anforderungen, wie Schulden, schlechte Berufschancen, mangelnde soziale Kompetenzen und Einbettung, scheinen häufig unüberwindbar. Nach dem salutogenetischen Konzept spricht man von einem schwach ausgeprägten Kohärenzgefühl (siehe oben: Einführung in die Biophotonentheorie). Die Sucht, und das in dieser Gesellschaft damit verbundene Leben, können also selbst auch, im Sinne einer sogenannten sekundären Neurotisierung, einen ängstlichen Charakter formen oder zumindest verstärken (vgl. SCHINDLER 2001, 5).

KLEIN (1987, 20) erläutert ausführlich den auch von MERTENS erwähnten Einfluss der modernen Industriegesellschaft, deren „durchgängige Konstitutionsmerkmale einen problematischen Lebensstil und eine Lebensführung bedingen, die im diametralem Gegensatz zu anthropologischen Grunderfordernissen menschlicher Reifung und Entwicklung stehen". Zentrale Konstitutionsmerkmale sind nach KLEIN Rationalität, Organisation, Ökonomie und zeitliche Kontrolle. „Nur gibt es kaum Möglichkeiten, sich aktiv, sinnvoll und eigenverantwortlich mit Anforderungen, Problemen und Herausforderungen auseinanderzusetzen: Für nahezu alles gibt es verbindliche, durchorganisierte, vorgefertigte, scheinbar richtige Lösungswege" (KLEIN 1987, 21). Er spricht in diesem Zusammenhang von der Allgegenwart des Suchtproblems oder auch von einer Suchtgesellschaft (vgl. ebd. 1987, 20).

Die Bedeutsamkeit des Umfeldes eines besonders empfindsamen Menschen, sowohl familiär als auch gesellschaftlich, liegt auf der Hand. Ganz entscheidend ist hier auch die Vorbildfunktion der Eltern. Wie regulieren Eltern oder andere nah stehende Personen schwierige Emotionen? Besitzen sie einen größeren Handlungsspielraum, als auf Alkohol oder Drogen zurückzugreifen?

Das Salutogenesemodell und Vulnerabilitäts-Stress-Modell werde ich nun im Ganzen kurz skizzieren, da sie verschiedene Anknüpfungspunkte zum Modell MERTENS', sowohl ergänzender als auch sich widersprechender Natur, beinhalten.

ANTONOVSKYs Salutogenesemodell

Der Begriff „Salutogenese" leitet sich ab von (lat.) salus: Unverletztheit, Heil, Glück und (griech.) genese: Entstehung.

Aaron ANTONOVSKY war Medizinsoziologe und in der Stressforschung tätig. Er entwickelte in den 70er und 80er Jahren das Salutogenesemodell (Health, stress and coping 1979; Salutogenese: zur Entmystifizierung der Gesundheit 1997 und andere). Dieses Modell fragt, im Gegensatz zu pathogenetischen Ansätzen, nach Faktoren, die gesundheitsfördernd wirken. Warum bleiben manche Menschen unter extrem ungünstigen Bedingungen gesund? Was trägt zur Rückfallprophylaxe bei? Was ist förderlich, was nicht?

Er definiert Krankheit und Gesundheit nicht als sich ausschließende Gegensätze, sonders als ein dynamisches Kontinuum. Jeder Mensch ist demnach zu einem gewissen Anteil sowohl krank als auch gesund (vgl. ebd. 1997, 22).

Das Salutogenesemodell beschreibt den Menschen als ein offenes System, welches sich ständig mit äußeren Einflüssen auseinander setzen muss und kann. Gesundheit ist demnach kein stabiler Gleichgewichtszustand, sondern muss immer wieder neu aufgebaut werden (der Entropie entgegen gearbeitet werden). Interessant ist, dass ANTONOVSKY Begrifflichkeiten und Gedanken der Physik und Biophotonenforschung verwendet, wie „negative Entropie" und „Kohärenz".

Das Salutogenesemodell ist ein Stressmodell, es beschreibt den Umgang eines Menschen mit Stimuli wie folgt: Zunächst überwiegend neutrale Reize werden von dem jeweiligen Menschen individuell bewertet. ANTONOVSKY unterscheidet hier eine primäre Bewertung, in der entschieden wird (meist unbewusst), ob ein Reiz überhaupt als Stressor eingestuft wird (er zum Spannungszustand führt) und eine sekundäre Bewertung, in der das Individuum einschätzt, ob vorhandene Ressourcen und Strategien ausreichend sind, um mit diesem Problem umgehen zu können. Diese Einschätzung ist abhängig von den generalisierten Widerstandsressourcen und dem Kohärenzgefühl (siehe ebd. 1997, 125-128).

Gesundheitsfördernde Faktoren und Variablen, die einem Menschen zur Verfügung stehen, fasst er unter dem Begriff generalisierte Widerstandsressourcen zusammen. Diese haben zwei Funktionen:

a) Sie dienen als Ressourcen zur Bewältigung von Stressoren und
b) Sie prägen die Lebenserfahrungen und ermöglichen und formen so das Kohärenzgefühl (welches wiederum Einfluss auf die Widerstandsressourcen nimmt).

Widerstandsressourcen können sowohl individueller Natur sein (Intelligenz, Konstitution, Bewältigungsstrategien etc.), als auch sozialer oder kultureller (soziale Unterstützung, finanzielle Möglichkeiten, kulturelle Stabilität etc.).

Ein starkes Kohärenzgefühl (sense of coherence, SOC) meint nach ANTONOVSKY eine allgemein, positive Grundhaltung zur Welt: Es ist „eine globale Orientierung, die das Ausmaß ausdrückt, in dem jemand ein durchdringendes, überdauerndes und dennoch dynamisches Gefühl des Vertrauens hat, dass erstens die Anforderungen aus der inneren und äußeren Erfahrenswelt im Verlauf des Lebens strukturiert, vorhersagbar und erklärbar sind und dass zweitens die Ressourcen verfügbar sind, die nötig sind, um den Anforderungen gerecht zu werden. Und drittens, dass diese Anforderungen Herausforderungen sind, die Investitionen und Engagement verdienen" (ANTONOVSKY 1993, 12). Stressoren können mit dieser Haltung als bedeutungsvoll gewertet und so eher bewältigt werden. Bewältigte Aufgaben stärken wiederum die Widerstandsresssoucen. Macht der Mensch aber überwiegend Erfahrungen, die durch Unvorhersehbarkeit, Ohnmacht und Sinnlosigkeit geprägt sind, führt dies zu einem schwachen Kohärenzgefühl und einem Mangel an verfügbaren Widerstandsressourcen = Widerstandsdefizite.

ANTONOVSKY postuliert, dass die Entwicklung des Kohärenzgefühls bis zum 30. Lebensjahr weitestgehend abgeschlossen ist, demnach eine Therapie oder anderweitige Einflussnahme ab diesem Zeitpunkt nicht oder kaum mehr möglich sind. Dies bleibt in der wissenschaftlichen Diskussion allerdings nicht unwidersprochen (vgl. BENGEL et al. 2001, 87).

ANTONOVSKY bezieht sich nicht explizit auf das Thema Sucht, aber er beschreibt das Entstehen von Krankheit. Er selbst erwartete allerdings weniger einen Zusammenhang zwischen niedrigem SOC und psychischen Erkrankungen, als vielmehr eine hohe Korrelation zwischen niedrigem SOC und körperlichen Beschwerden. Dies konnte aber nicht oder nur im geringen Maße nachgewiesen werden (BÖS/ WOLL 1994 zit. nach BENGEL 2001, 123). Es bestehen jedoch hohe Korrelationen zwischen niedrigem SOC und Ängstlichkeit und Depressivität (BOWMAN 1996 zit. nach BENGEL 2001, 117). In einer Studie von FRANKE et al. (1997 zit. nach BENGEL 2001, 49) wurde außerdem ein im Vergleich niedrigerer SOC bei suchtmittelabhängigen Frauen, als bei Frauen ohne Suchtmittelprobleme festgestellt. So beschreiben beide Modelle, wie eine negative Bewertung und mangelnde Handhabbarkeit äußerer und innerer Stressoren zu Ängsten, Depressivität und Sucht führen kann.

Beide Ansätze betonen, im Gegensatz zu pathogenetischen Modellen, die vor allem Risikofaktoren minimieren wollen, den gesundheitsfördernden Aspekt der Handlungsfähigkeit (Copingstrategien) und deren Wechselwirkungen mit den Emotionen.

Es bestehen also weitgehende Übereinstimmungen zwischen MERTENS und dem Salutogenesemodell, wobei diese Aussage weniger auf die ursprünglichen Annahmen ANTONOVSKYs bezogen ist, sondern auf Erkenntnissen nachfolgender Forschungen.

Vulnerabilitäts-Stress-Modell

Das Vulnerabilitäts-Stress-Modell ist für meine Arbeit von Interesse, da es inzwischen einen wichtigen Stellenwert in der modernen Suchtforschung einnimmt und mit dem Begriff der „Vulnerabilität" und „Reizoffenheit" etwas Ähnliches gemeint sein könnte, wie mit MERTENS' „besonderer Sensationsfähigkeit".

Das Vulnerabilitäts-Stress-Modell (V-S-Modell) wurde im Rahmen der Schizophrenieforschung von ZUBIN +SPRING in den 70er Jahren entwickelt (ZUBIN/SPRING 1977). Es beschreibt, ähnlich dem Salutogenesemodell, wie durch die Interaktion zwischen gegebener Verletzbarkeit und aktuellem Stress, welcher nicht ausreichend bewältigt wird, psychiatrische Erkrankungen zum Ausbruch kommen können. Bezogen auf eine Suchtentwicklung kann dieses Modell die Frage beantworten, welche Faktoren dazu beitragen, die aus einem Drogengebrauch eine Suchterkrankung entstehen lassen (den weiter unten beschriebenen Dysregulationsprozess in Gang setzt).

Die Vulnerabilität für psychiatrische Krankheiten kann, nach dieser Sichtweise, ihre Ursache in drei Bereichen haben, wobei den biologischen Ursachen in der heutigen Zeit meist eine entscheidende Rolle zugesprochen wird. ZUBIN und SPRING selbst aber nannten, weniger medizinisch-pathogenetisch als salutogenetisch orientiert, vor allem Bewältigungsstrategien und deren Mobilisierbarkeit als Einflussfaktoren auf die Vulnerabilität (vgl. ebd. 1977, 123):

Ätiologie der Vulnerabilität:

a) Biologische Faktoren (z.B. Genetik; Unterschiede im Hirnstoffwechsel, vor allem im mesolimbischen Belohnungssystem oder Hirnanomalien). Bei Alkoholabhängigen soll der Bereich der Genetik bei Männern ca. 50%, bei Frauen 25% der Ätiologie bedingen, bei Abhängigen von illegalen Drogen ca. 10% (vgl. ROMMELSPACHER 1998, B 2.1).

b) Psychologische Faktoren (z.B. Persönlichkeitsmerkmale, Bewältigungsstrategien, traumatische Erlebnisse).

c) Soziale Faktoren (z.B. abhängige Elternteile, soziale Schicht, Armut).

Der Begriff der Vulnerabilität ist hier durchweg negativ besetzt. Vulnerabel bedeutet: verwundbar, verletzbar, ungeschützt und bezieht sich ähnlich wie die Widerstandsdefizite im Salutogenesemodell, sowohl auf interpersonelle als auch soziale Aspekte.

Die besondere Sensationsfähigkeit nach MERTENS ist nach dem V-S-Modell den Persönlichkeitsmerkmalen zuzuordnen. Hier wird als vulnerabler, krankheitsfördernder Faktor die Reizoffenheit genannt. Reizoffenheit meint, dass es zu einem mehrheitlich breiten und offenen Wahrnehmungsstil kommt (vgl. ROSSI 2000, 3). Es wird nicht zwischen Wichtigem und Unwichtigem unterschieden, inhibitorische (hemmende) Filter vom Gehirn nicht oder nur ungenügend eingesetzt. Dies führt meist zu Verwirrung, Ängsten und Selbstzweifel.

Reizoffenheit meint nicht exakt das Gleiche, wie Sensationsfähigkeit. Im engeren Sinne ist zwar die Reizoffenheit notwendige Voraussetzung für intensive Sensationen, bedeutet aber nicht, dass keine Auswahl getroffen werden kann. Die Unfähigkeit diese Offenheit zu regulieren, ist nach MERTENS also nicht der besonderen Sensationsfähigkeit immanent.

Auch deshalb wertet MERTENS die besondere Sensationsfähigkeit nicht als problematisch an sich, während die Reizoffenheit im V-S-Modell als vulnerabler Faktor eingestuft wird. Differenzierter betrachten MÖHLENKAMP und ROSSI das Phänomen der Reizoffenheit. MÖHLENKAMP (2004, 91) beschreibt, wie eine größere Reizoffenheit, neben dem Aspekt der Irritierbarkeit, auch einen evolutionären Vorteil gegenüber anderen Lebewesen darstellt, da die Offenheit des Systems Mensch eine stärkere Flexibilität und ein größeres Lernpotential bedingt und zudem eine besondere Erlebnisfähigkeit begünstigt. ROSSI (2000, 5) beschreibt außerdem, wie die mit der Reizoffenheit verbundene Sensibilität, Intuition und Empathie befördern kann.

MERTENS erläutert, wie auch im V-S-Modell, dass die genannten Persönlichkeitsmerkmale allein meist nicht hinreichend sind, um eine Drogensucht entstehen zu lassen (sie bilden aber einen entscheidenden Parameter). Hinzu kommen häufig andere Stressoren, aktuelle Auslöser, die die Drogensucht oder einen Rückfall mit bedingen.

Meine eigenen Beobachtungen

Seit insgesamt 6 Jahren arbeite ich nun als Sporttherapeutin im ambulanten und stationären Bereich der Hamburger Suchthilfe. Der überwiegende Anteil der Klienten hat illegale Drogen – oft polytoxisch – konsumiert, die Altersspanne liegt zwischen 18 und 50 Jahren.

Die Aussage, dass den Drogenabhängigen eine besondere Sensationsfähigkeit auszeichnet, trifft nach meiner Beobachtung auf einen Großteil der Betroffenen zu, aber ich kann sie nicht bei allen wahrnehmen. Hier stellt sich aber auch wiederum die Frage, was Teil der Primärpersönlichkeit und was Folge des süchtigen Lebens ist. Schwer zu unterscheiden ist zudem, ob jemand sich schützt oder geschützt hat und so die Fähigkeit verkümmert ist. Oder auch, was durch das süchtige Leben selbst verloren gegangen ist (beispielsweise wenn neben Opiaten auch Alkohol und Barbiturate im stärkeren Maße konsumiert wurden). M. E. ist eine besondere Sensationsfähigkeit noch eindeutiger bei Menschen mit einer schizophrenen Psychose (nicht chronifiziert) zu beobachten. Genauere Erkenntnisse könnte hier voraussichtlich eine empirische Studie geben.

Der These, dass bei Drogenabhängigen eine besondere Dichte zwischen Erleben und persönlicher Wertung und häufig ein Mangel in adäquaten Handlungsstrategien besteht, stimme ich zu.

Und ich stimme auch der Ansicht MERTENS' zu, dass die Sensationsfähigkeit, eine besondere Qualität mit den genannten Potentialen darstellt, welche gepflegt und wertgeschätzt werden sollte. Qigong und Meditation, aber auch Sport, Abenteuer oder Theaterspielen können hierfür als Eingangstor dienen.

Zusammenfassung

Zusammenfassend lässt sich feststellen, dass MERTENS Aussage, dass (ehemalige) Drogenabhängige eine besondere Sensationsfähigkeit auszeichnet, mittels der von mir gesichteten Literatur nicht eindeutig zu stützen ist.

Einerseits beschreibt das V-S-Modell eine besondere Reizoffenheit (ursprünglich bei Psychotikern, inzwischen aber auch bei anderen psychischen Erkrankungen wie der Sucht) und auch im psychoanalytischen Ansatz wird vom mangelnden Reizschutz Drogenabhängiger gesprochen. Im Gegensatz hierzu wird dem Drogenabhängigen aber auch eine mangelnde Innen- und Außendifferenzierung, geringe Genussfähigkeit und ein schlechter Zugang zur eigenen Emotionalität zugeschrieben. Etwas lapidar könnte man behaupten, dass die Welt durch den Wahrnehmenden bestimmt wird, also abhängig von Schule und Erwartungen der Wissenschaftler und Therapeuten entsprechendes wahrgenommen wird.

Außer bei MERTENS, konnte ich nur bei MÖHLENKAMP und ROSSI eine auch positive Bewertung einer besonderen Sensationsfähigkeit bzw. Reizoffenheit finden (wobei diese Begrifflichkeiten nicht exakt gleichzusetzen sind). Sie sehen in diesem Phänomen einen sensitiven und evolutionären Vorteil.

Ich selbst denke, dass diese Persönlichkeitsmerkmale zwar bei einem Großteil der (ehemaligen) Drogenabhängigen zu finden sind, bin mir aber unklar, ob dies auf ein typisches Charakteristikum der Primärpersönlichkeit schließen lässt.

Die Schwächen und Schwierigkeiten des Drogenabhängigen, die sich auch aus MERTENS' Modell ergeben, werden allerdings umfassend genannt.

Der abhängige Mensch

Nach Darstellung und Einbindung des Modell MERTENS' zur Suchtentstehung, erläutere ich im ersten Abschnitt dieses Kapitels den Suchtbegriff, seine historische Entwicklung und unterschiedliche Definitionen. Im zweiten Abschnitt skizziere ich die Entstehung von Abhängigkeit aus biochemischer und lerntheoretischer, sowie Folgen der Abhängigkeit aus lebendigkeitstheoretischer Sicht.

Die Begriffe Sucht und Abhängigkeit

Etymologisch bedeutet Sucht vor allem Krankheit (von ahd. mhd. asächs. suht). Heute ist diese Wurzel noch in Begriffen wie Schwindsucht, Fallsucht oder Gelbsucht zu finden (siehe PFEIFER 1993).

Doch auch schon im 17. Jh. wurde dieser Begriff, vor allem im religiösen Kontext, im Sinne einer sündlichen Eigenschaft, eines Charakterdefektes oder eines krankhaft gesteigerten Triebes verwendet, welches in den Begriffen Rachsucht, Gewinnsucht oder Tobsucht zum Tragen kommt (vgl. WIESE-MANN 2000, 41). Seit dem 18. Jh. bezeichnet der Begriff dann auch die krankhafte Abhängigkeit von Betäubungs- und Rauschmitteln (wie Opium- oder Trunksucht). Damals wie heute ist dieser Begriff allerdings relativ unspezifisch was den Bedeutungsgehalt betrifft. „Solche Wortschöpfungen [wie Opiumsucht oder Trunksucht, Anm. der Verf.] hatten vielmehr den Vorzug, den Begriff zunächst im Vieldeutigen zu lassen und Assoziationen sowohl zu Krankheitszuständen wie auch zu Leidenschaften und moralisch verwerflichen Verhaltensweisen zu ermöglichen" (WIESEMANN 2000, 42).

Auch ist zu bedenken, dass der Konsum von psychotropen Substanzen, vor allem von Alkohol, Teil unseres gesellschaftlichen Lebens ist. „In der westeuropäischen Kultur ist Alkohol der wichtigste kulturell integrierte psychische und soziale Befindlichkeitsregulator" (KRAUSZ 2004, 4). Sucht als Krankheit bezieht sich dem nach auch immer auf das Verlassen der unterschiedlichen sozialen und kulturellen Standards. Entsprechend schwer ist es diesen Begriff genau zu definieren und zu operationalisieren. Unterschiedliche Definitionen lösten und lösen einander ab oder existieren nebeneinander.

In den 70er Jahren wurde der Begriff der „Abhängigkeit" und des „Abhängigkeitssyndroms" in Abgrenzung zum medizinisch-reduktionistischem Denken und dem damit verbundenen negativ besetzten Suchtbegriff eingeführt. „Sucht" wurde fortan meist zur Benennung von Extremformen der Abhängigkeit verwandt (vgl. BOHNER 2002, 55). Unterschieden wird zudem zwischen einem schädlichen Gebrauch und einem Abhängigkeitssyndrom. Der schädliche Gebrauch führt zwar zu einer Gesundheitsschädigung, stellt aber noch nicht das Vollbild eines Abhängigkeitssyndroms dar (siehe SEIDENBERG/HONEGGER 1998, 70).

Verschiedene Definitionen der Sucht

Sucht als zwanghafter Hedonismus:

„Sucht ist [...] ein zwanghafter Drang, durch bestimmte Reizsetzungen Lustgefühle herbeizuführen und Unlustgefühle zu vermeiden" (KLEIN 1991, 227).

Suchtverhalten als Stagnation und Bewegungslosigkeit:

„Suchtverhalten signalisiert zum einen das zwanghafte Sich-Reduzieren und Isolieren in einer Persönlichkeitsdimension bzw. einem (Gefühls-)Zustand, zum anderen Stagnation, Stehenbleiben und Bewegungslosigkeit und schlägt sich darin nieder; es beinhaltet Angst vor Zuständen, die Bewegung bedeuten (beispielsweise auch in Beziehungen zu anderen Menschen) oder auch Auseinandersetzung bzw. ein Sich-Einlassen erfordern oder ermöglichen" (KLEIN 1987, 24).

Sucht als Handlungs- und Beziehungsstörung:

„Sucht bedeutet eine übermäßige Bindung an psychotrope Substanzen. Die übermäßige Bindung ist als Symptom eines belasteten Verhältnisses, einer Beziehungsstörung des Menschen – zu sich selbst, zu seinem Körper, zur sozialen und materiellen Umwelt – zu verstehen. Störung bedeutet hier, dass das kulturell übliche Maß an Handlungsfähigkeit und Autonomie verloren geht." (KRAUSZ 2004, 8).

Sucht als längerer Konsum ohne Indikation:

„Die Abhängigkeit von psychotropen Substanzen bedeutet den Konsum ohne Indikation und/oder in überhöhter Dosis und/oder über inadäquate lange Zeit mit unwiderstehlichen Verlangen („Gier"). Wobei der Lustgewinn keine medizinische Indikation darstellt" (FRITZE 1994, 25).

Die letzte Beschreibung des Abhängigkeitssyndroms der WHO (1991) unter der Rubrik F1x.2 des ICD 10 nennt als entscheidendes Charakteristikum „den starken, gelegentlichen übermächtigen Wunsch, psychotrope Substanzen oder Medikamente (ärztlich verordnet oder nicht), Alkohol oder Tabak zu konsumieren (WIESEMANN 2000, 46).

Trotz der Uneinheitlichkeit in der Definition des Suchtbegriffes werden im ICD 10 acht Leitlinien genannt (siehe Anhang), von denen mind. drei zutreffend sein müssen, damit eine Abhängigkeitssyndrom diagnostiziert werden kann.

Sucht, Leib und Feld

Biochemische Forschung

Einen wichtigen Fortschritt für die Suchtforschung, bedeuteten die Entdeckung körpereigener Opiate, der Opiatrezeptoren und das, damit eng verbundene sogenannte körpereigene mesolimbische Belohnungssystem, in den 70er Jahren (PERT/SNYDER 1973). Alle als positiv empfundenen Emotionen, wie Befriedigung durch Essen, Liebe, Lösen einer Aufgabe, Lernen etc. werden, aus Sicht der Biochemie, durch dieses System vermittelt. Aber auch das Erleben, die Erfahrungen modulieren wiederum das Belohnungssystem.

SCHINDLER (2001, 39) verweist darüber hinaus auf die Funktion der Endorphine als Bindungssubstrat: „Den körpereigenen Opioiden, den Endorphinen wird eine Rolle bei der Bildung emotionaler Bindungen zwischen Kleinkind und Bindungsfigur zugeschrieben. Die Endorphinausschüttung gehe mit Gefühlen von Sicherheit, Beruhigung und Zufriedenheit einher, eben jenen Gefühlen, die das Kind erlebt, wenn es Zuflucht und Schutz bei der Bindungsfigur findet." Zugeführte Opiate docken ebenso an Endorphinrezeptoren an. Welch ideale Möglichkeit in einen sicheren Hafen einlaufen zu können, wenn Emotionen als überbordend und bedrohlich erlebt werden oder das alltägliche Leben selten für natürliche Belohnungen gut ist.

Opiate sind Analgetika, sie können also Schmerzen und andere starke Sensationen abpuffern, indem sie die Reizweiterleitung hemmen, und somit der Reizoffenheit oder Sensationsfähigkeit entgegen wirken.

Aber auch die Bewertung der Drogenabhängigkeit, musste durch die biochemischen Erkenntnisse modifiziert werden, da körpereigene Opiate oder auch THC

(Wirkstoff im Haschisch) Teil des gesunden Körpers sind. „Die Sucht kann unter diesem Aspekt als ein aus der Kontrolle geratenes Belohnungssystem verstanden werden" (TRETTER 1998, 146). „Die Idee eines an sich süchtigen Organismus, dessen Befindlichkeit durch von außen zugeführte Stoffe nur moduliert wird, war äußerst ungewöhnlich und mit dem Modell der Spezifität von Krankheit schlecht zu vereinbaren" (WIESEMANN 2000, 56).

Ohne Erfolg blieb die Suche nach einem Defekt im Stoffwechsel Alkoholkranker oder Drogenabhängiger. So konnte die Hoffnung auf eine einfache medikamentöse Therapie nicht erfüllt werden.

Biochemie der Konditionierung

Aus biochemischer und lerntheoretischer Sicht, lässt sich die Entstehung einer Abhängigkeit wie folgt beschreiben:

Werden einem Organismus wiederholt psychotrope Substanzen zugeführt, so versucht er trotz des Einflusses dieser Substanzen auf das Neurotransmittersystem „normal" zu funktionieren. Er passt sich an (Toleranz), integriert die Droge, so dass der „künstliche" Zustand zum Normalzustand definiert wird. Möglich ist dies durch eine Desensibilisierung bzw. den Abbau entsprechender Rezeptoren, so dass die Wirkung der Endorphine und zugeführter Opiate verringert wird (vgl. GRÜSSER et al. 1998, B2.6.1-1). Eine Dosissteigerung ist notwendig, um einen ähnlichen Rausch (= positiver Verstärker) zu erzielen. Außerdem wird die Substanz notwendig, um normal im Alltag agieren zu können. Ohne Zuführung der Substanz kommt es zum Entzug, zu einem als äußerst negativ empfunden, zu vermeidenden Zustand (negativer Verstärker).

Dopaminerge Systeme wiederum werden durch eine Abhängigkeit sensitiviert. Sie steuern unter anderem das Drogenverlangen („craving"), und das Suchtgedächtnis (z.B. die Reaktion auf drogenassoziierte Reize, bezeichnet auch als konditionierte Aufmerksamkeitszuwendung) auf biochemischer Ebene.

KRAUSZ (2004, 2) bezeichnet diese Entwicklung des mehr und mehr vom Suchtstoff abhängig werdenden Menschen, als einen homöostatischen Dysregulationsprozess des körpereigenen Belohnungssystems. Der Abhängige schaukelt sich immer schneller auf ein immer höheres Niveau (anpassungsfähiger und funktionsfähig bleiben wollender Organismus und leidvermeidendes, lustsuchendes Bewusstsein), so dass schließlich für gesunde Menschen tödliche Dosen täglich konsumiert und toleriert werden können.

Natürlich ist dieser Prozess nicht unumgänglich. Es wird hier nicht erläutert, warum es bei manchen Menschen bei einzelnen Versuchen oder auch regelmäßigen geringem Konsum bleibt und wiederum andere das Vollbild einer Suchtmittelabhängigkeit entwickeln (siehe hierzu oben: V-S-Modell).

Nach einem Entzug, währenddessen vor allem die Stresshormone CRF, Adrenalin und Noradrenalin den Menschen in Alarmbereitschaft versetzen (vgl. SEIDENBERG 1998, 73) dauert es für gewöhnlich länger (abhängig von dem Menschen, der Substanz, Stärke des Dysregulationsprozesses und therapeutischen Einflüssen), bis der biochemische und so auch der gesamte Mensch wieder normal gesund erleben und handeln kann. Die genauen biochemischen Zusammenhänge werden in der Fachliteratur allerdings noch diskutiert (siehe GRÜSSER et al. 1998, B 2.6.1-4).

Nach Traumatisierungen, die häufig Teil der Vorgeschichte und der Sucht selbst sind, ist der Mensch in erhöhter Alarmbereitschaft, häufig auch wenn das eigentliche Geschehen zeitlich längst vergangen ist. Man nennt dies den Effekt des „Hyperarousal" (vgl. ENGELS 2002). Diese Übererregung kann sich in Form von Schlafstörungen, Schreckhaftigkeit, Konzentrationsschwächen etc. bemerkbar machen. Diesen Erregungsgrad zu senken oder, um es anders auszudrücken, die Nähe zwischen den Sensationen und der persönlichen Wertung zu verringern, damit Entwicklung stattfinden kann, ist von besonderer Bedeutung.

Funktionalisierung des süchtigen Körpers

Die (illegale) Drogenabhängigkeit bedeutet in der Beziehung zum eigenen Körper, eine weitestgehende Funktionalisierung und Fixierung auf den eigenen süchtigen Leib, der nunmehr zum bloßen Körper wird.

Ich definiere Leib-Haben und Leib-Sein im Sinne GRUPEs, der erläutert „daß Leib-Haben die Möglichkeit bedeutet, den Leib (als Körper) erleben und über ihn verfügen zu können, das Leib-Sein dagegen die ursprüngliche Einheit und Identität zwischen dem Menschen und seinem Leib anzeigt" (GRUPE 1984, 18).

Eine Auflösung der Dualität zwischen Ich und Körper, also das Gefühl, Leib zu sein, findet meist nur noch während des Rausches statt. Nur dann kann das Ich eintauchen in die Empfindungen, loslassen und sich weiten. Das Erleben des Rausches ist aber immer schon überschattet mit dem drohenden Entzug. „Es ist eine sich endlos wiederholende Bewegung in der vertikalen Achse der Bedeutungsrichtungen von Hinaufsteigen und Hinunterfallen der affektiven Daseinsform" (KUHN 1994, 55).

Funktionen des Körpers während einer Drogensucht:
1. Körper als Manipulationsobjekt zur Erlangung positiv erlebter Gefühle
2. Körper als Lebensinhalt zur Vermeidung/Abwehr anderer Lebensfragen
3. Körper als Einführmöglichkeit der Droge
4. Körper zur Beschaffung von Geldmitteln (z.b. Prostitution, Gewaltanwendung, Diebstahl)
5. Körper zur Selbstbehauptung (z.b. in der Drogenszene, im Gefängnis)
6. Körper zur Selbstzerstörung

Trotz oder gerade wegen dieser Funktionalisierung, welches ja vorerst eine Form der Kontrolle des Bewusstseins über den Körper mit seinen vegetativen Prozessen darstellt, entkoppelt sich der mehr und mehr süchtige Leib aus dem gesunden sich weitestgehend selbstregulierenden Geschehen. Das Ich, um in dieser Dichotomie zu bleiben, wird Sklave seines fordernden Körpers. Gleichzeitig mit der Fixierung findet aber auch eine Entfremdung, dem Körper gegenüber, statt. Er beginnt ein Eigenleben.

Der Versuch der Natur- und Körperbeherrschung ist auch Teil unserer modernen, industrialisierten Gesellschaft. Alles scheint machbar, manipulierbar, jedes Leid unterdrückbar (vgl. KLEIN 1991, 172). Die Drogensucht stellt also auch hier wiederum nur eine besondere Ausprägung (wie bei der Dysregulation des körpereigenen Belohnungssystems, siehe unten) eines für unsere Gesellschaft „normalen" Phänomens dar. Und gerade auch im Sport findet man entsprechende Beispiele (Bodybuilding, Doping, Fatburnen etc.).

Lebendigkeit und Sucht

Peter WEINBERG prägt den Begriff der „beWEGlichen Lebendigkeit". Er erweitert die Bewegungswissenschaften und die Biophotonentheorie um eine Sichtweise, die vornehmlich das „Bewegen", den Menschen als bewegliches Lebendigkeitsfeld, ins Zentrum stellt. Das Modell der beWEGlichen Lebendigkeit schließt die Ebene der elektromagnetischen Felder (Biophotonen) mit ein.

Er erläutert: „Wenn Bewegen wie z.B. bei Schrödinger als ‚fortwährender Prozess' (procedere: vor sich gehen wie auch etwas hervorbringen) das wesentliche Kennzeichen des Lebens ist, müssen wir nicht länger begründen, ob und warum sich Menschen bewegen. Es geht vielmehr darum, wie durch das Bewegen ein

Lebewesen Ordnung (als Verzögerung des thermischen Verfalls) halten und stets neu schaffen und seine Speicherfähigkeit von Information durch Resonatorgüte erweitern kann" (WEINBERG 2004, 186). Die Qualität einer Bewegungsform (bezogen auf Lebendigkeit und Gesundheit des Menschen) kann demnach anhand des Einflusses auf die Speicherfähigkeit des Organismus für Ordnung, also dessen Resonatorgüte und Kohärenz, beurteilt werden.

Bewegungsfertigkeiten entwickeln sich, nach seinem lebendigkeitstheoretischen Ansatz, aus einem Meer der potentiellen Bewegensmöglichkeiten. „Wenn die vielen Möglichkeiten des Bewegens eines Organismus zusammenfinden, entsteht so etwas wie ein Freiheitsgrad, oder eine bestimmte Form oder Fertigkeit des Bewegens" (WEINBERG: Leben in Bewegen, 2).

Kohärenzmessungen des elektromagnetischen Feldes bei Drogenabhängigen oder ehemals Drogenabhängigen stehen meines Wissens noch aus. Meine These und Erfahrung ist aber, dass die Freiheitsgrade des Menschen, sein „Bewegens-Potenzial", seine Kohärenz durch das süchtige Leben selbst und durch die Gründe, die in eine Abhängigkeit führen, vermindert werden:

Das offene System des süchtigen Menschen verschließt sich mehr und mehr, so dass er immer weniger empfänglich für Reize außerhalb seines Systems wird (beispielsweise für das Leid anderer Menschen). Er entkoppelt sich aus der Gesellschaft (dem großen gemeinsamen, mehr oder minder kohärenten Feld). Entsprechendes ist auch bei den Freiheitsgraden der äußeren Bewegungen zu beobachten. Die Bewegungen und der Rumpf werden eng, verlieren Fluss und Ausdruckskraft. Dies ist auch bei Menschen mit Ängsten zu beobachten, die nach MERTENS einen entscheidenden Einfluss auf eine Suchtentstehung haben.

Mangelnde Kohärenz bedingt nach der Biophotonentheorie auch, dass Störungen nicht mehr gut reguliert werden können. Es kommt zu substantiellen Beeinträchtigungen, wie Zahnausfall und Paradontiden, Thrombosen, Infektionskrankheiten und das Ausbleiben der Regelblutung. Deutlich wird die Störung des elektromagnetischen Feldes und seiner Rhythmen zudem auch an einer eingeschränkten Entwicklung des süchtigen Menschen:

> „Der Sucht verfallen tritt der Mensch auf der Stelle, und das buchstäblich: Er scheidet aus der lebensimmanenten Zeit aus, aus der Zeit, die das Zeitigungselement der Persönlichkeit und ihrer Gestaltwerdung ist. Sie ist, die Sucht, dem Selbstverwirklichungsdrang der Persönlichkeit konträr und hebt ihn auf" (GELBSATTEL 1954 zit. nach HEIMANN 1994, 15).

Die m. E. verminderte Kohärenz des elektromagnetischen Feldes bei akut Drogenabhängigen kann durch folgende Aspekte sichtbar werden:
1. Durch einen eingeschränkten emotionalen Ausdruck, Hemmungen und Verspannungen
2. Durch Störungen im Körperbild und in der Körperwahrnehmung
3. Durch Antriebsarmut oder gesteigerte Aktivität und Erregungsniveau
4. In einer behinderten Koordination (z.b. im Bewegungsfluss, -rhythmus oder Gleichgewicht)
5. Durch ein ablehnendes Verhältnis zum eigenen Leib
6. In einem schwachen Gefühl von Selbstwirksamkeit (mangelnder Handlungskompetenz und Ohnmachtsgefühlen)
7. Durch Krankheiten und Abbauprozesse und einer mangelnden Entfaltung von Potentialen

Trotz allem überlebt der vergiftete und so beeinträchtigte Organismus erstaunlich lange. Solange der Mensch lebt, pulsiert auch beWEGliche Lebendigkeit. Sie reguliert nach einem Entzug auch die regenerativen Prozesse. Diese allerdings verlaufen individuell unterschiedlich schnell, so dass manche der genannten Einschränkungen oft auch noch während oder nach einer Therapie zu beobachten sind.

Möglich ist zudem aber auch, dass die wieder gewonnene Freiheit bewusst und freudvoll wahrgenommen wird, das Leben, wie nach einer zweiten Geburt, neu und frisch erlebt werden kann. Auch die Motivation und Bereitschaft sich zu entwickeln und zu verändern, ist vielfach zu beobachten.

Entscheidend für das Erleben in dieser Phase ist m. E., neben anderen Erkrankungen, die wieder zum Vorschein kommen können, sicherlich die Primärpersönlichkeit (der Wille heil zu werden), die direkte Umgebung (nahe Personen, therapeutisches Umfeld etc.), Einschätzung der Zukunftschancen und auch die Möglichkeit und Bereitschaft sinnstiftende und weitende Erfahrungen zu machen (siehe unten: Qigong als Kohärenztherapie).

Qigong

Nachdem ich verschiedene Schlaglichter auf das Phänomen Sucht und seine Entstehung geworfen habe, erläutere ich nun die Chancen die im Qigong-Üben liegen, insbesondere für die beschriebene Zielgruppe. Zuvor eine kurze Einführung in das Qigong.

Beschreibung einer Qigong-Übung

Zur Veranschaulichung schildere ich nun, wie eine Qigong-Übung durchgeführt und angeleitet werden kann.

Nach einleitenden Übungen, die zum Ziel „Lockern und Lösen" in der Anfangsphase einer Unterrichtseinheit haben, stehen Übungen zum „Leiten und Nähren" des „Qi" (siehe unten) im Vordergrund. Aus der Reihe der „Acht Brokate" beschreibe ich die Bewegungsform „Himmel und Erde stützen – um Milz und Magen zu regulieren".

Zum Stand

Schulterbreiter, paralleler Stand, den Boden bewusst wahrnehmen, einen klaren Bezug zu den Füßen herstellen.

Die Knie und Hüften sind durchlässig und leicht gebeugt, der untere Rücken entspannt, so dass das Steißbein zu Boden sinken kann und der Schwerpunkt gleichmäßig in der Fußmitte bewahrt wird.

Der Bauch ruht mittig im Becken, der Brustkorb liegt auf dem Bauch auf, ohne dass der Rumpf kollabiert.

Schulterblätter sinken schwer in den Rücken, der Kopf ist aufgerichtet, das Kinn etwas zurückgenommen („Ohren spitzen").

Die Achselhöhlen und Handflächen sind geöffnet, Ellenbogen entspannt

Jetzt in diese Struktur hinein loslassen, alle unnötig angespannten Muskeln lösen (ohne die Struktur aufzugeben), die Atmung frei fließen lassen…

Zur Übung

Mit der nächsten Einatmung steigt ein Arm seitlich neben den Körper bis auf Höhe des Kopfes.

Die Handinnenfläche führt nach oben und stützt den Himmel, gleichzeitig stützt die andere Handinnenfläche die Erde ab, so dass eine diagonale Streckung im Rücken spürbar wird (Rücken loslassen).

Wenn die Bewegung stockt, diese umkehren, der Arm sinkt seitlich zurück zum Boden.

Große, klare, achtsame und natürliche Bewegungen durchführen, tastend und fühlend mit den Händen.

Mit der nächsten Einatmung und der anderen Seite fortfahren.

Die Übung wirkt fördernd auf alles was im Körper umgewandelt und transportiert wird (nach der TCM „Qi", Blut, Lymphe etc.).

Der Stand und die Bewegungen sollten angenehm, natürlich und locker sein. Individuelle Variationen sind, abhängig von Person und Übungsstand, erlaubt und gewollt. Wenn die äußeren Bewegungen in ihrer Grobform gelernt sind, kann vermehrt in das Erleben eingetaucht werden (mit verschiedenen Schwerpunkten):

- Pulsationen/Polaritäten: Himmel – Erde (Oben-Unten), Öffnen – Schließen (der Rumpfseiten), Bewegung –Ruhe (Außen-Innen).
- Was passiert im Rumpf und in den Beinen durch die Bewegung?
- Wie fühlen sich bestimmte Körperbereiche an?
- Was passiert an der Körperoberfläche, den Handinnenflächen oder an bestimmten Meridianen?
- Kann die Körperwahrnehmung mit der äußeren Wahrnehmung (Sehen, Hören, Riechen etc.) verbunden werden?
- etc.

Nach der Übungsreihe der Acht-Brokate werden abschließend „sammelnde und bewahrende" Übungen durchgeführt.

Begriff, Wurzeln und Formen

Qigong ist, neben der Akupunktur und Heilmittelkunde, Teil der traditionell chinesischen Medizin (TCM).

„Qigong-Übungen dienen der Kultivierung des Qi zur Vorbeugung und Gesunderhaltung sowie zur Anregung der Selbstheilungskräfte und zur Therapieunterstützung" (BOCK-MÖBIUS 1993, 11).

Der Begriff „Qigong"

Der Begriff Qigong setzt sich aus den Begriffen „Qi" und „Gong" zusammen.

Möchte man den Begriff **„Qi"** erklären befindet man sich schon mitten im traditionellen chinesischen Denken. Deutsche Übersetzungen können, aufgrund der kulturellen und sprachlichen Unterschiede, immer nur Annäherungen darstellen.

„Qi" kann ursprünglich mit Dampf (einer heißen Reisschüssel) übersetzt werden und „steht meist für Luft, Dampf und Stoffe, die ebenso die Eigenschaft des

Flüchtigen, Strömenden, Formlosen besitzen" (LANDMANN 1989, 11). ENGELHARDT (1987, 2) spannt einen Bogen, der sich „von Dampf, Wolken, Atem, Nahrung und Kommunikation mit ‚höheren Mächten' bis hin zum ‚Urqi' erstreckt."

In dem modernen Wörterbuch der chinesischen Sprache werden 12 Bedeutungen erwähnt, darunter auch Erläuterungen wie in Wut geraten, Geruch, Moral und Vitalität (LANDMANN 1989, 12).

„Qi" spendet Leben. Seine Qualität ist ähnlich dem deutschen „Odem", dem indischen „Prana" oder dem elektromagnetischen Feld. „Qi" mit Odem oder Lebensenergie gleich zu setzen, würde aber zu kurz greifen.

„Qi ist der Atem des Lebens; das Potential aller Aktivität; das Zusammenwirken von Alledem, was uns umgibt und ausmacht (MERTENS/OBERLACK 2003, 9).

Die Bewegung von qi fördert Formen
Die Bewegung von Formen fördert Leben
Ist qi gesammelt entsteht Leben
Ist qi zerstreut tritt der Tod ein
(HONGYO in BÖLTS 1993, 7)

Das „Qi" des Körpers wird in verschiedene „Qi-Formen" unterteilt. Übergeordnet ist das „Qi" der Eltern, der Ernährung und der Natur. Ist eine dieser Formen nicht gut ausgeprägt oder gestaut oder findet keine gute Verschmelzung der verschiedenen „Qi-Formen" statt, entsteht nach der TCM Schwäche und Krankheit.

Neben dem „Qi" bilden **„Yin"** und **„Yang"**, die „drei Schätze" und die „5 Wandlungsphasen" zentrale Wirkprinzipien und Erklärungsmodelle im Qigong und in der TCM. Diese Prinzipien hier hinreichend zu erläutern würde den Rahmen dieser Arbeit sprengen und auch nur bedingt zur Erhellung der eigentlichen Fragestellung, wie und warum Qigong bei Menschen mit Abhängigkeitsstörungen sinnvoll wirken kann, beitragen. Verwiesen sei auf Erläuterungen in der einschlägigen Literatur (OLVEDI 2004; HEMPEN 1991; WATTS 1976 und andere).

„Gong" kann mit Fähigkeit, Tugend, Wirkung, Pflege, Arbeit, Übung übersetzt werden (vgl. LANDMANN 1989, 4; HONGYO 1993, 7; BOCK-MÖBIUS 1993, 16). „‚Gongde' enthält die Fähigkeit und die Funktion" (HONGYO 1993,

7). Qigong kann demnach als „Pflege des Qi" (vgl. MERTENS / OBERLACK 2002, 13) bezeichnet werden.

Nach WEINBERG (2003, 14) bedeutet kohärentes Bewegen die Arbeit des Lebendigen. Diese Aussage trifft m. E. gut die Wirkung des Qigong und Bedeutung des Begriffs.

Der Begriff „Qigong" wird erst seit den 50iger Jahren des letzten Jahrhunderts in China verwendet. „Ältere Bezeichnungen sind ‚Daoyin' (Übungen zum Leiten und Dehnen) oder ‚Yangsheng' (Pflege des Lebens)" (vgl. OTS 1999, 218).

Wurzeln

In der Literatur werden die Ursprünge des Qigong unterschiedlich beschrieben. Nach LANDMANN (1989, 27) findet man die ersten gesicherten Zeugnisse des Qigong in dem daoistischen Klassiker, dem „Zhuangzi" (4. Jh. v. Chr.). ENGELHARDT (1987, 10) nennt den gleichen Zeitraum (380 v.Chr.), bezieht sich aber nicht auf den daoistischen Text, sondern auf Inschriften eines Nephritgegenstandes, welcher nicht eindeutig einer religiösen Richtung zuzuordnen sei. Chinesische Quellen datieren die Ursprünge des Qigong häufig auf das 20. oder sogar 30. Jh. v. Chr. zurück. Diese Aussagen sind, nach LANDMANN (1989, 27) und HEISE (1993, 166), aber nicht zu belegen. HEISE wiederum betont vor allem schamanistische Ursprünge (vgl. ebd. 1993, 166).

Zusammenfassend lässt sich feststellen, dass neben dem Daoismus (um dem 4. Jh. v. Chr.) und Schamanismus, der Chan-Buddhismus (6. +7. Jh. n. Chr.) und der Konfuzianismus (des 11. Jh. n. Chr.) die wichtigsten Wurzeln des Qigong darstellen.

Qigong-Formen

Auch über die Anzahl der verschiedenen Qigong-Übungen und Formen werden unterschiedliche Aussagen getroffen. Während OTS (1987, 181) 3600 verschiedene Übungen nennt, spricht HONGYO (1993, 8) hingegen von annähernd 10 000 verschiedenen Arten des Qigong. Unterteilen lassen sie sich, sowohl nach deren Ursprüngen (z.B. daoistische oder buddhistische Schule) als auch in folgender Weise:

1. **Hartes und weiches Qigong**
   - Das harte Qigong zielt vor allem auf äußere Effekte ab. Es findet Anwendung in den Kampfkünsten, der Schaustellerei und der Artistik (siehe beispielsweise das Schaolin-Kungfu).
   - Das sogenannte weiche Qigong findet Anwendung in der Gesundheitsförderung und unterteilt sich in:
2. **Passives externes (Wai Dan) und aktives inneres Qigong (Nei Gong)**
   - Beim passiven Qigong werden einem Patienten mit Hilfe eines Therapeuten, mittels seiner Gedanken und Hände, das „Qi" erneuert, aufgefüllt und Blockaden gelöst.
   - Das aktive Qigong unterteilt sich wiederum in:

3. **Bewegtes (Dònggong) und stilles Qigong (Jìnggong)**
   - Beim bewegten Qigong werden äußerlich sichtbare, fließende und achtsame Bewegungen durchgeführt, wie Sinken und Steigen, Öffnen und Schließen. Das „Qi" wird mittels Bewegung, Vorstellung und Atmung bewegt (beispielsweise die „Acht Brokate")
   - Beim stillen Qigong finden keine äußeren, aber innere Bewegungen statt. Das „Qi" wird hier mittels Vorstellungskraft und Atmung bewegt.

Vorstellungskraft, Bewegung und Atmung

Vorstellungskraft, Bewegung und Atmung bilden zentrale Aspekte im Qigong.

Vorstellungskraft und Achtsamkeit

Wichtige Vorrausetzung zur Ausrichtung des Geistes und Regulierung des „Qi" bilden Vorstellungskraft/Intension. „Die Vorstellung (Yi) ist das vom Geist erzeugte Bild, der Vermittler zwischen Geist und Qi. […], Yi sei gleichsam das Pferd des Qi" (DEBUS-KAUSCHAT 1998, 121). Das bedeutet, dass nach der TCM energetische Prozesse mittels der Vorstellungskraft steuerbar sind.

Auch in der westlichen Wissenschaft ist bekannt, dass durch Vorstellung und Hinwendung Stoffwechselprozesse (z.B. der Durchblutungsgrad) und die Sensitivität von Körperregionen beeinflusst werden. Dieser Prozess ist äußerst zweckmäßig, da mit der Aufmerksamkeitszuwendung auch häufig ein Gebrauch des Körperbereiches einhergeht (vgl. PERT 1999, 222). Ein gutes Beispiel ist das „Wasser im Munde zusammenlaufen". Nur durch die Vorstellung, einer Zitrone beispielsweise, werden physiologische Prozesse in Gang gesetzt.

Eigentlich verwunderlich ist aber, dass in der Schulmedizin die Vorstellungskraft oder innere Haltung des Menschen oft wenig Beachtung und Wertschätzung findet, welches in Begriffe mit negativem Beiklang wie „Einbildung" oder „Placebo" deutlich wird (wobei hier momentan auch einiges in Bewegung ist). Warum den bekanntlich, auch in der Schulmedizin, wirksamen „Placebo-Effekt", die Kraft der Vorstellung und des Geistes nicht bewusst als Unterstützung einsetzen?

Die Vorstellungskraft und Achtsamkeit kann auf folgende Weise im Qigong wirksam werden:

- Durch bewusste Achtsamkeitslenkung in einen Körperbereich hinein (z.B. in den Unterbauch),
- Durch Führung der Vorstellung entlang der Energiebahnen (Meridiane) oder in Anlehnung an die Bewegung oder Atmung,
- Indem zunächst eine Vorstellung des Energieflusses erzeugt wird und dann die Bewegung „von alleine" folgt (Bewegung also nicht gemacht wird, sondern entstehen kann),
- In Form von vorgestellten Bildern,
- Indem der Geist (ablenkende Gedanken und Bilder) beruhigt wird.

Wie für MERTENS dem achtsamen Umgang die Möglichkeit der Optimierung und Veränderung inne wohnt, so besitzt das „Yi" (die Vorstellungskraft/Intension) im traditionell chinesischen Denken eine schaffende wandelnde Potenz. Das „Yi" bildet die Grundlage aller Qigong-Übungen und grenzt es auch zu anderen Methoden, wie der Gymnastik ab (vgl. DEBUS-KAUSCHAT 1998, 122).

Aber auch die Vorstellungskraft kann, wie die Atmung, zu stark forciert werden. Entscheidend ist, dass der Praktizierende sich während und nach der Übung wohl fühlt.

Einen wichtigen Aspekt der Achtsamkeit bildet die innere Haltung, die dem Üben gegenüber eingenommen wird. Sie sollte geprägt sein von Ausdauer, Beständigkeit und Geduld (vgl. FOEN 1998, 159). Das Üben sollte gelassen, ruhig und natürlich sein:

„Gelassen bedeutet, den ganzen Körper und auch die Vorstellungskraft entspannen. Ruhig bedeutet in Ruhe treten und an nichts denken. Gelassenheit und In-Ruhe-Treten bedingen einander. Immer, wenn der ganze Körper entspannt ist, kann man In-Ruhe-Treten. Nachdem In-Ruhe-Treten gelungen ist, kann wirklich tiefe Entspannung erreicht werden. Nur wenn man entspannt und ruhig ist, schafft man in der Übung Natürlichkeit. Das ist für Anfänger schwierig zu erlernen, man braucht eine lange Übungszeit" (HONGYO 1993, 8).

Dieses Paradox, nur In-Ruhe-Treten zu können wenn man entspannt ist, lässt sich durch einleitende Übungen oder auch durch Struktur (ein besonderer Ort, die gleiche Zeit, etc.) meist entschärfen, bildet aber ein Hindernis gerade auch für ehemalige Drogenabhängige.

Atmung

Die Atmung verbindet Bewusstes und Unbewusstes, Geist und Körper, Mensch und Umwelt.

In der TCM bildet die Atemluft eine zentrale Form des „Qi", mit der auf den Organismus und seinen Funktionskreisen eingewirkt werden kann. Mittels der Atmung kann Einfluss auf das vegetative Nervensystem und Emotionen genommen werden, so dass der Mensch die Möglichkeit hat, Prozesse, die sich sonst unbewusst regulieren, zu steuern. So bildet ein zentraler Aspekt vieler Methoden, die eine Affektregulation zum Ziel haben, die Atmung.

Die Atmung kann als Hilfsmittel dienen, um ins Wahrnehmen und in die Achtsamkeit eintauchen zu können. Sie bewegt den Leib, was gespürt werden kann und im Jetzt ankommen lässt.

Im Qigong werden neben der natürlichen Bauchatmung, auch andere Atemtechniken (z.B. die Körperatmung oder die paradoxe Atmung) eingesetzt. Doch wichtig, gerade für Anfänger, ist es, die Atmung nicht zu sehr zu forcieren und bewusst zu verändern. Die Atmung soll, unabhängig von der Technik, gleichmäßig und ohne Anstrengung sein und zu keinen Beeinträchtigungen führen. Meist findet sie, im Laufe des Übens, von alleine zu einer natürlichen Bauchatmung zurück, was sehr heilsam wirken kann. M. E. ist es nicht möglich weitende, genussvolle Erfahrungen zu machen, ohne dass die Atmung sich von einem ängstlichen, flachen Atemmuster befreit.

Nachdem die Bewegungsform erlernt wurde, sollte sie in Anlehnung an den Atemrhythmus koordiniert werden (nicht umgekehrt).

„Die Bewegung ist die Methode. Die Atmung das Ziel" (HONGYU 1993, 23).

Bewegung und Ruhe

Bewegung meint im Qigong nicht nur das äußere, sondern auch das innere Bewegen, beispielsweise die Lenkung des „Qi" oder das Lösen von Gelenken und Muskeln. Bewegung und Ruhe stehen immer in Wechselwirkung miteinander (beispielsweise bewegter Körper und ruhiger Geist oder, wie im stillen Qigong, ruhiger Körper und innere Bewegung des „Qi").

Die äußeren Bewegungen sollten klar, groß und natürlich sein. Sie sollen mehr und mehr von Innen heraus entstehen, also weniger aktiv gemacht, als zugelassen werden. Als Parameter für die Stimmigkeit kann die Leichtigkeit der Bewegungen dienen. Wie fühlt es sich an? Passiert es leicht, wie von selbst? Ich beobachte den beweglich lebendigen Prozess und ermögliche durch meine Achtsamkeit eine Verfeinerung und Optimierung des Geschehens.

Eine besondere Anforderung, gerade für die Rumpfmuskulatur, besteht im gleichzeitigen Gewährleisten von Stabilität und Durchlässigkeit (beispielsweise für Bewegungen). Der Körper soll weder kollabiert noch zu gespannt sein, alle Bereiche in dynamischer Verbindung miteinander stehen. Dann kann Energie fließen und den Anforderungen gut entsprochen werden. Nach einer Zeit des Übens wird der dabei entstehende Energiefluss (nach der TCM das „Qi") spürbar. Mir drängt sich der Vergleich mit der Laserschwelle in der modernen Physik auf. Leben ist demnach ein pendelnder Prozess um die Laserschwelle herum, an der Grenze zwischen Chaos (kollabiertes, instabiles System) und stabiler, fester Ordnung.

Nach MERTENS ist es nicht von Bedeutung eine „perfekte" Form, einen einheitlichen Sollwert zu erfüllen, sondern soviel Form zu verwirklichen und zu vermitteln, dass Erlebensräume geschaffen werden.

Wesentliche Bewegungen im Qigong sind Pulsationen, wie Sinken – Steigen und Öffnen – Schließen. Sie spiegeln wichtige Prozesse und Rhythmen der Welt wieder.

> Bewegung ist innere und äußere Bewegung,
> Ruhe bedeutet Bewegung in der Ruhe.
> Kein Ding ist im Universum,
> welches sich nicht bewegt.
> (aus GUORUI, 1996)

Traditionelles chinesisches Denken im Licht der Biophotonentheorie

Die Ansicht der TCM, dass der feste stoffliche Körper (nur) eine Manifestationsform des energetischen „Qi" darstellt, versteht sich gut mit dem Modell der Biophotonentheorie und quantenphysikalischen Vorstellungen (vgl. WAECHTER 2002). Betrachtet man Erläuterungen zum kohärenten elektromagnetischen Feld, werden Parallelen zum Konzept des „Qi" sichtbar:

- „Qi" und elektromagnetisches Feld bewirken die Aufrechterhaltung der Neg-Entropie eines Organismus, also die Aufrechterhaltung des Lebens.
- „Qi" und Feld regulieren den biochemischen, stofflichen Körper, sind Träger von Ordnung und Informationen.
- „Qi" und Feld bedingen Potential und Zusammenwirken.
- „Qi" und Feld stehen in enger Beziehung zu Emotionen, Vorstellungen und Gedanken eines Menschen.
- Die Qualität des Feldes und des „Qi" bewirken Wohlbefinden, Gesundheit und Krankheit und andere rhythmische Prozesse (Monats- oder Tageszyklen etc.).
- „Qi" und Feld enden nicht am stofflichen Leib, sondern sind Träger von Information zwischen den Menschen und in der Welt.

Das „Qi" fließt nach der TCM vor allem in den Meridianen, morphologisch nicht zu identifizierende Kanäle auf und innerhalb des Körpers eines Lebewesens. Die Meridiane und Akupunkturpunkte sind mit Hilfe der Biophotonenanalyse nachweisbar. „Die Untersuchungen, soweit sie mit der klinischen Symptomatik vereinbar waren, zeigen, dass die Methode alle Meridiane in erstaunlicher Über-einstimmung mit den bekannten Abbildungen der ‚traditionellen' Meridiane erkennbar macht" (SCHLEBUSCH et al. 2004, 2). Nach der Biophotonentheorie können die Meridiane als Knotenlinien oder Lichtleiter des Biophotonenfeldes betrachten werden. „Nach Popp handelt es sich bei den Meridianen um ein Resonatorsystem für kohärente elektromagnetische Wellen, indem sich bevorzugte Wellenleiter ausgebildet haben, eben die Meridiane" (BISCHOF 1995, 362).

Das elektromagnetische Feld, und somit Leben, entsteht an der Schwelle vom Chaos (der Entkopplung der Elemente) zur festen Ordnung, an der Laserschwelle. Das grundlegende Ordnungsprinzip Yin und Yang beschreibt ebenso zwei zentrale komplementäre Zustände, aus denen sich das „Qi" und die stoffliche Welt entwickeln. „[Soviel] steht fest, dass aus dem Wandel und Übergang dieser

Kräfte [dem Yin und Yang, Anm. der Verf.] das Dasein sich aufbaut, wobei denn der Wandel teils ein dauernder Umschlag von einem ins andere ist, teils ein kreisförmig geschlossener Ablauf von in sich zusammenhängenden Ereigniskomplexen wie Tag und Nacht, Sommer und Winter" (WILHELM 1956, 16).

Natürlich ist ein Vergleich zweier Modelle aus unterschiedlichsten Kulturkreisen mit Vorsicht zu vollziehen. Meine Absicht ist es lediglich Ähnlichkeiten aufzuzeigen und nicht Unterschiedliches in die gleiche Form zu zwingen. M. E. ist es aber äußerst interessant und bemerkenswert, wie eine Kultur mittels Naturbeobachtung und Meditation schon vor Jahrhunderten auf zum Teil sehr ähnliche Ergebnisse kommen konnte, wie Bereiche der heutigen westlichen Wissenschaft.

Die Biophotonentheorie gibt mir die Chance zwei bisher schwer zu vereinbarende Aspekte in mir, nämlich das westlich analytische Schuldenken mit der Erfahrung, dass diese Sicht nicht alles erfasst, zu vereinbaren.

Wirkzusammenhänge

In diesem Abschnitt werde ich mögliche Charakteristika und Wirkungen des Qigong darstellen. Hierbei erhebe ich keinen Anspruch auf Vollständigkeit, vielmehr werde ich die Wirkungen des Qigong, die MERTENS in der Therapie Drogenabhängiger besonders hervorhebt, nennen, um diese dann mit Aspekten zu erweitern, die mir zudem besonders am Herzen liegen.

Eingangs möchte ich eine Studie erwähnen, in der die Wirkungen täglichen Qigong-Übens (Pan Gu Qigong) im Entzug Heroinabhängiger (innerhalb von 10 Tagen) untersucht wurden (LI et al. 2002). Im Vergleich mit zwei Kontrollgruppen (mit und ohne medikamentöser Unterstützung) war in der Qigonggruppe ein schnelleres Nachlassen der Entzugssymptome und auch ein geringeres Auftreten von Ängsten und Besorgnissen (nach der „Hamilton Anxiety Scale") zu beobachten. Die positiven Wirkungen konnten hier also auch für Anfänger, innerhalb eines kurzen Zeitraumes und bei der Normalisierung sowohl körperlicher als auch psychischer Parameter ehemals Drogenabhängiger bestätigt werden.

Zentrale Wirkzusammenhänge nach MERTENS

Eintauchen in das Wahrnehmen

MERTENS beschreibt:

Qigong-Üben bedeutet Eintauchen in das Wahrnehmen, achtsames Bewegen, Ankommen im Jetzt. Das ganze Konzert der Sensationen, Emotionen, des Denkens und der Bewegungen wird in das Bewusstsein geholt. Ziel ist es, dies möglichst wenig bewertend, im Sinne eines Soll-Ist-Wert-Vergleiches zu tun, sondern mehr und mehr betrachtend, erspürend, kontemplativ. Staunend, wie ein kleines Kind.

Das bin Ich. Im überschaubaren, geschützten Rahmen nehme ich wieder Kontakt zu mir selbst auf.

Es ist nicht sofort etwas falsch oder besonders gut, es ist wie es ist. So kann das Erleben von der Bewertungsebene mehr und mehr getrennt werden (welches ja nach MERTENS gerade für eine Drogenabhängigkeit einen wichtigen Einfluss darstellt).

Durch positive Erfahrungen beim Qigong-Üben, kann die besondere Sensationsfähigkeit als Ressource und Schatz erlebt und bewertet werden.

Das wiederholte Eintauchen in das Wahrnehmen schult diese zugleich. Die Wahrnehmungen können mehr und mehr differenziert und verfeinert werden, Bereiche, die vorher gar nicht wahrgenommen wurden, integriert oder auch Imaginationen immer einfacher vorgestellt werden.

Das Erleben und Regulieren sollte beim Üben deutlich voneinander getrennt werden.

Emotionale Regulation

MERTENS erläutert zum Thema emotionale Regulation durch Qigong:

Ziel ist es die besondere Sensationsfähigkeit in Zusammenwirken mit der Emotion als Regelkreis zu erfahren und durch das Medium Qigong in die Eigenverantwortung zu bekommen. Über das Erkennen der Einflussmöglichkeiten innerhalb dieses Regelkreises befreit sich der Übende von der Vorstellung, in einer Emotion ausgeliefert zu sein.

Ich bin Meister meiner Gefühle.

Damit ist nicht gemeint negative Emotionen, wie beim Konsum von Drogen, zu unterdrücken, sondern Handlungsmöglichkeiten zu kennen und zu erproben, die überbordenden Emotionen und dem Verhaftetsein an ihnen, entgegenwirken. So dass die Emotionen nicht so stark werden müssen und schneller wieder abklingen können.

Mittels Qigong kann die Mitte und Stabilität des ehemals Drogenabhängigen gestärkt (vgl. FOEN 1998, 164) und so die Bewertungsebene auf das gleiche Niveau wie die Erlebensebene gehoben werden. Einflussmöglichkeiten auf die Emotionen im Qigong bilden beispielsweise das Üben an sich, die wertfreie Beobachtung, Strukturen, die Atmung, Bewegung und Vorstellungskraft des Menschen:

> Ich löse Verspannungen und entdecke so ein neues Selbstgefühl.
> Ich lasse das Schwere sinken und Leichte aufsteigen, fühle mich geerdet und selbstbewusst, als Teil des Ganzen, als Verbindung zwischen Himmel und Erde.
> Mit meiner Achtsamkeit im Bauchraum oder in den Füßen fühle ich mich sicher und beheimatet.
> Ich fühle Ängste aufsteigen, kann sie zulassen und erlebe, dass sie auch wie-der vergehen. Muss also keine Angst vor der Angst haben.

Auch auf biochemischer Ebene konnten diese Effekte bestätigt werden. So wurde der positive Einfluss des Qigong beispielsweise auf Stressparameter (wie Blutdruck, Katecholamine und Wirkungen des Immunsystems) durch verschiedene Studien belegt (vgl. LEE et al. 2003; MANZANEQUE et al. 2004). Einem „Hyperarousal" kann also durch regelmäßiges Qigong-Üben entgegengewirkt werden.

MERTENS benennt als wichtiges Mittel, um Ängste zu bewältigen und den (ehemals) Süchtigen zu stärken, Strukturen. Struktur kann Rettungsanker sein, wenn Ängste zu überwältigen drohen. Klare Strukturen bieten Sicherheit. Deshalb wird auf das Einhalten von Regeln, der Tagesstruktur und ähnliches im Rahmen einer stationären Therapie meist verstärkt Wert gelegt. Auch im Qigong sollen Strukturen gestärkt werden, beispielsweise durch wiederkehrende Übungen und einen meist gleich bleibenden Ablauf, wiederkehrende Ansagen, Rituale, Raum und Tageszeit. Struktur bieten auch die Form der Bewegungen, Festes und Verbundenes im Körper, der Boden oder wesentliche Prinzipien im Qigong.

Nach MERTENS können Strukturen:

a) die Voraussetzungen (Eingangslage, Atmosphäre) verbessern oder
b) das Geschehen selbst beeinflussen.

Strukturelle Elemente können so als Bereicherung und Hilfsmittel und nicht, wie es häufig der Fall ist, als Gängelung und Verhaltensmaßregelung erlebt werden. Es kann gelernt werden, welche Strukturen hilfreich sind und mich schützen. Qigong bietet einen sanften Einstieg in die Struktur. Struktur und Erleben stehen miteinander in Verbindung. Struktur bildet das Gefäß in dem Erleben stattfinden kann.

Ich erkenne, dass Maßnahmen meine Befindlichkeit verändern, erkenne meine Selbstwirksamkeit. Lerne, welche Bedingungen mir gut tun.
Ich bin nicht machtlos.

So kann die Angst vor dem Erleben, vor der Intensität der Emotionen gemindert werden.

Werden emotionale Regulationsmöglichkeiten gelernt und geübt, so dass sie auch im Alltag verfügbar sind, muss auf Drogenkonsum, Depression und Abspaltung der Emotionen, weniger oder nicht mehr zurückgegriffen werden. Qigong kann demnach als Rückfallprophylaxe dienen.

Training mit der Belastung

MERTENS bezeichnet Qigong-Üben auch als Training mit der Belastung und bezieht dies sowohl auf energetische, neuronale als auch auf substantielle Prozesse.

Wie eingangs beschrieben, bietet ein wiederholtes achtsames Tun dem Organismus die Möglichkeit, sich vermehrt optimal auszusteuern, sich alten ungünstige Bewegungs-, Haltungs- und energetischen Mustern bewusst zu werden und sie zu verändern. Dies kann beispielsweise beim Stand bemerkt werden. Im Laufe des Übens wird es immer leichter eine tiefere Standposition einzunehmen. Unnötig angespannte Muskeln lassen los, der Körperschwerpunkt wird ins rechte Lot gebracht und der Brustkorb auf den Bauch abgesetzt. Der Rumpf verbessert seine Fähigkeit sowohl zu stabilisieren, als auch durchlässig zu sein für Bewegungen. Durch eine verbesserte Stimmigkeit, ein verbessertes Zusammenspiel im Organismus kann die Belastung gesenkt werden.

Auch die Bewegungen können nach einer Zeit des Übens wie von selbst entstehen, da die Körperbereiche besser miteinander in Verbindung stehen (kohärenter sind) und natürlichen Rhythmen gefolgt wird. Der Körper „versteht" die Bewegungen durch die wiederholte achtsame Durchführung besser und besser. Aber das Training mit der Belastung bezieht sich nicht nur auf den körperlichen Bereich, sondern auch auf das Gemüt des Übenden. Sensationen und folgende Gedanken und Emotionen, die ebenso wie die körperlichen nicht nur als positiv empfunden werden müssen, treten auf, werden wahrgenommen und können reguliert oder einfach gelassen werden. Die beim Qigong gelernten Fähigkeiten wirken, wenn sie gut integriert sind, im Alltag entlastend.

Für die Intensität und Nachhaltigkeit, der zuvor genannten möglichen Wirkungen des Qigong, sind der Grad der Achtsamkeit, sowie die Regelmäßigkeit des Übens entscheidende Faktoren. Achtsamkeit bildet die Basis für Veränderungen. Nach der Gestalttheorie wirkt Bewusstheit (awareness), da sie einen guten Kontakt mit sich und der Umwelt bedeutet und Handlungsmöglichkeiten eröffnet, an sich schon heilend (siehe KLEIN 1991, 234).

Die von MERTENS beschriebenen Wirkzusammenhänge des Qigong ergänze ich nun um transpersonale und sinnstiftende Wirkungen und belege diese mit Studien der Biophotonen- und Gehirnforschung. Abschließend stelle ich Wirkungen aus salutogenetischer Sicht dar.

Qigong als Kohärenztherapie

Wie oben erläutert (siehe Sucht, Leib und Feld) bedeutet die Drogenabhängigkeit an sich, und auch die Gründe die in eine Sucht führen, m. E. einen Verlust an Kohärenz des elektromagnetischen Feldes eines Menschen. Forschungen die belegen, dass Qigong das elektromagnetische Feld des Menschen positiv beeinflusst, können demnach als Nachweis für den besonders heilsamen Effekt dieser Methode, für Menschen mit Abhängigkeitserkrankungen, dienen.

Vor allem in China, Japan und Deutschland finden Forschungen zum Thema Qi/Qigong und Biophotonenemissionen statt. Sehr aktiv in diesem Forschungsfeld ist die „International Society of Life Information Science" (ISLIS). Beispielsweise wurden unterschiedliche Parameter, wie EEG, Atmung und Biophotonenemission beim Qigong-Üben gemessen (SAKAIDA et al. 2000), der Einfluss des „Qi" auf die Kohärenz des Biophotonenfeldes erforscht (PARK-HOMTCHOUK et al. 2000) oder die Biophotonenemission der Handflächen beim Qigong-Üben untersucht (NAKAMURA et al. 2000) und deutlich positive Effekte nachgewiesen.

Neben den genannten Studien bezieht sich POPP (zit. in BISCHOF 1995, 281) auf das heilende und transformierende Wirkpotential der Meditation: „Meditation und ekstatische und kreative Zustände sind Zustände maximaler kohärenter Synchronisation, in denen Betawellen, die für einen aktiven Austausch mit der Umwelt charakteristisch sind, und Alphawellen, die eine Art ‚Leerlauf des Gehirns' und reiner Offenheit anzeigen, sowie Thetawellen ausgewogen koexistieren". Meditation kann demnach als „eine Art Kohärenztherapie im langwelligen Bereich unseres Photonenfeldes aufgefasst werden. Nachweislich erhöht sich die Kohärenz unserer Gehirnwellen und führt möglicherweise zu einer Erweiterung unseres Bewußtseins" (POPP zit. in BISCHOF 1995, 280).

Diese Synchronisation konnte auch beim Qigong-Üben festgestellt werden, zudem auch einen Anstieg der Alpha-Wellen-Aktivität (KAWANO et al. 1996). Alphawellen führen zu einem verbesserten Austausch zwischen rechter und linker Gehirnhemisphäre, also zu einer stärkeren Verbindung von kognitiven und ganzheitlich wahrnehmenden, körperorientierten Anteilen des Menschen. Als Alphawellen werden Schwingungen im Bereich zwischen 8 und 12 Hz bezeichnet. Dieser beim Qigong-Üben verstärkt angesprochene Frequenzbereich ist auch der Bereich in dem die Erdrinde und die Ionosphäre schwingen (vgl. BISCHOF 1995, 274).

Ich öffne und eiche mich wieder, schwinge mich ein in das große allumfassende Feld, in den Rhythmus der Welt.

Im Qigong spielen Pulsationen eine zentrale Rolle. Beispielsweise bei der Lenkung der Achtsamkeit auf die Atmung (Weiten und Schließen), beim Sinken und Steigen des Körpers oder beim Ausschütteln. Das Üben geschieht in Wellenform, der Körper pulsiert. Es wird mehr und mehr gelernt den Organismus wieder als Ganzes agieren zu lassen. Bewegungen werden vollständig „durchgereicht", der Geist ist beim Geschehen, die Atmung kann sich von ihren Verspannungen befreien, so dass weitende, verbindende Erfahrungen gemacht werden können. Die flexible Stimmigkeit, also die Kohärenz wird erhöht. Auch das elektromagnetische Feld, das Leben verläuft in Rhythmen, Schwingungen und Pulsationen. „Der Lebensprozeß der Materie ist grundlegend für Expansion und Kontraktion" (WEINBERG ‚der weglose WEG', 5).

Qigong bedeutet Einschwingen auf den natürlichen, leichten, sich selbst aussteuernden Rhythmus, so dass Selbstheilungskräfte gut wirken können.

Wie beschrieben, besteht eine direkte Verbindung zwischen dem elektromagnetischen Feld und den Emotionen des Menschen. Eine höhere Kohärenz bedeutet auf emotionaler Ebene mehr Freude, Lebensmut, Gelassenheit und Offenheit des Menschen. Kohärentes Bewegen fördert die Erfahrung des Einssein von Körper und Geist und Ich und Welt.

Erfahrung des Einsseins bedeuten Heilung

„Heil" meint (ahd.) ganz, vollkommen, gesund (siehe Pfeifer 1993) und findet sich im englischen „whole" wieder.

Meine Erfahrung ist, dass während und nach dem Qigong-Üben, im Besonderen beim Üben in einer Gruppe, sich mein Gemütszustand verändert. Wohlbefinden und das Gefühl der Verbindung mit dem Ganzen (Auflösung der inneren Einsamkeit) breiten sich aus. Die Grenzen zwischen Körper und Geist, sowie Ich und Welt werden durchlässiger. In der Literatur wird diese Gemütslage auch als „Qigongzustand" bezeichnet (OLVEDI 2004, 147-148). Nachfolgend entsteht Freude, Geborgenheit und Mitempfinden.

Zustände maximaler Synchronisation treten eher selten auf, normal sind leichtere Veränderungen, einfaches Wohlbefinden.

Die Erfahrung nicht nur einen Körper zu haben sondern Leib zu sein, verhilft seinen Standort zu finden, Selbstbewusstsein zu entwickeln und handlungsfähig zu werden. Es bietet ein Gegengewicht zu der vorherrschenden Funktionalisierung des Körpers während und nach der Abhängigkeit. Nach meiner Erfahrung wird der eigene Körper manchmal als etwas geradezu Fremdes erlebt. Das Ich sitzt hinter den Augen und betrachtet den Körper distanziert aus der Entfernung. Doch das Verhältnis zum eigenen Leib bildet die Grundlage für alle anderen Beziehungen. Verändere ich mein Leibverhältnis, so verändere ich auch mein Verhältnis zur Welt:

> „Mit unserer Leiblichkeit verändert sich unser Weltverhältnis, mit der Veränderung von Weltbeziehungen wandelt sich unsere leibliche Situation. Es handelt sich jedoch nicht um ein Verhältnis von Ursache und Wirkung, sondern um ein jeweils neu auszubalancierendes und zu vollziehendes Verhältnis" (GRUPE 1984, 59).

„Das weitgehende Zusammenfallen unseres Selbstbewußtseins und unseres Weltbewußtseins mit dem Bewußtsein unserer Leiblichkeit zeigt nur eine andere Seite der Aussage, daß der Mensch ein leibhaftiges (und damit der Welt verbundenes) Wesen ist" (GRUPE 1984, 25).

Komme ich in meinem Körper, und somit auch im Jetzt an, sitzt meine Achtsamkeit mehr im Unterbauch und nicht im Kopf, so beheimate ich mich in meinem Leib. Ich fühle mich geschützter, kann gelassener reagieren und so die von MERTENS betonte Distanz zwischen Sensationen und persönlicher Wertung entwickeln. Mit dieser Beheimatung werden nach meiner Erfahrung gleichzeitig auch die Grenzen zwischen Ich und Umwelt durchlässiger.

Begriffe die derartige Erfahrungen des Einseins benennen finden sich sehr viele. Unterscheidbar sind sie bezüglich ihres kulturellen und religiösen Kontextes, als auch im Hinblick auf die Intensität der Erfahrungen.

Beispiele: Glückserleben, Klarheit, Kohärenz, Auflösen der Ich-Grenzen, Flow, Peak-Erlebnisse, Gnade, Gotteserfahrungen, transzendente Erfahrungen, Nicht-Dualität, Satori.

Ich nutze den Begriff „Erfahrung des Einseins", da er sich neutral zum religiösen Kontext des Erfahrenden verhält und sowohl das Empfinden des Einssein von Körper und Geist, als auch von Ich und Welt (oder auch Selbst oder Gott) beinhaltet. Dieser Begriff impliziert, dass zuvor eine Trennung dieser Bereiche bestand, dies ist im Erleben der meisten Menschen auch der Fall. Menschen allerdings, die tiefgehende Erfahrungen des Einssein erleben, erkennen, dass dieses abgegrenzte Ich-Bewusstsein eine Illusion ist, welches Leid und Unheil schafft. Die Suche nach Ganzheit, nach Heilung ist zentraler Aspekt und Motor der Religionen und auch einiger Therapieformen (vgl. Gestalttherapie, Logotherapie oder transpersonale Psychologie).

Die Quantenphysik entdeckte, dass Welle und Teilchen (welche man den Prinzipien Geist und Materie zuordnen kann) nicht voneinander zu trennen sind. Licht kann sich, abhängig von der Fragestellung des Beobachters, sowohl als Welle als auch als Teilchen darstellen (**Welle-Teilchen-Paradoxon**). In Zuständen hoher Kohärenz werden die polaren Eigenschaften des Lichts minimiert. „In ihnen [den kohärenten Zuständen, Anm. der Verf.] vereinigen sich die sonst unvereinbaren Gegensätze zu einer neuen höheren Einheit. ‚Kohärente Zustände' liegen mitten zwischen Teilchen- und Wellenaspekt, oder anders gesagt: Sie liegen an der dazwischen liegenden Schwelle, die nichts anderes als wiederum die Laserschwelle ist" (BISCHOF 1995, 209). Also auch in der Quantenphysik sind geistige und materielle Prinzipien untrennbar miteinander verwoben. Das Erkennen oder Erfahren desselben führt in eine andere Bewusstseinsstufe.

Im Daoismus, einer Wurzel des Qigong, findet sich das transpersonale Prinzip des **„Wu Wo"**, des „Nicht-Ich". Es besagt, dass der Mensch nicht getrennt von der Umwelt existiert, sondern durch das „Qi" mit der Natur verbunden ist. „Heil" zu sein hat vielfältige sinnstiftende, entwicklungsfördernde und natürlich heilende Wirkungen. Erfahrungen des Einsseins, auch weniger intensiv und nachhaltig, lassen uns erkennen, dass es in uns Wachstumspotentiale gibt. Wir bekommen eine Idee von dem, wie Leben sein kann, Sehnsucht danach und richten uns entsprechend aus. Der in der modernen Gesellschaft vorherrschenden „Persönlichkeitsspaltung" in verschiedene Rollenmuster und Segmentierung in nicht zusammen hängende Handlungsfelder (siehe KLEIN 1987, 21) kann entgegengewirkt werden, es so zu einer stimmigeren Ganzheit kommen. Wie Selbstzweifel, Neid und Frustrationen nachlassen, beschreibt das folgende Gedicht:

> Eines ist alles,
> alles ist eines.
> Wenn es nur so sein kann,
> warum dann sich grämen, unvollkommen zu sein?
> (Shinjinmei aus Watts, 1998)

BELSCHNER erläutert darüber hinaus, wie Traumatisierungen durch Erfahrungen des Einssein anders empfunden und bewertet werden können (siehe ebd. 1998, 61). Zudem wirken solche Erfahrungen meist über das eigene Ich hinaus und führen zu einem größeren Mitempfinden und Verantwortungsgefühl. Sie beinhalten also auch eine soziale Dimension.

Es besteht eine große Chance für den ehemaligen Drogenabhängigen (und auch allen anderen Menschen) mittels solcher Erfahrungen vermehrt zu genesen und neuen Sinn im Leben zu entdecken. „Qigong ist nun m. E. ein Weg und ein Mittel, um die beiden (personalen und transpersonalen) Erfahrungsbereiche zugänglich werden zu lassen. Ich fasse Qigong nicht nur als Mittel zur Wiederherstellung („Rehabilitation") eines Menschen auf. Sondern für mich hat Qigong auch die Bedeutung eines spirituellen Übungsweges, der es ermöglicht, das Alltagsbewusstsein zu überschreiten und eine Erweiterung des Bewusstseinsraumes im Sinne eines integralen Bewusstseins anzubahnen („Habilitation")" (BELSCHNER 1998, 60).

Qigong bietet gute **Bedingungen** für Erfahrungen des Einsseins, da:
- Die Kohärenz des Übenden erhöht wird.

- Eine vermehrte Verbindung von Bewegung, Atmung, Achtsamkeit und Imaginationen erreicht wird (vgl. hierzu auch CSIKSZENTMIHALYIs Konzept des „Flows", bei dem das Verbinden von Tun und Bewusstsein eine zentrale Rolle spielt).
- Eine betonte Aufmerksamkeitszuwendung stattfindet: Äußere störende Reize werden reduziert, die Wahrnehmung auf beispielsweise bestimmte Körperbereiche oder die Atmung gelenkt, der Geist beruhigt (trotzdem wird das Außen nicht ausgeschlossen, es soll Außen- und Innenwahrnehmung miteinander verbunden werden).
- Die Vorstellungskraft eine wichtige Rolle spielt.
- Eher einfache und wiederkehrende Bewegungen stattfinden (die allerdings durch die sich ausdifferenzierende Wahrnehmungen doch immer komplexer werden und so die Wahrnehmung ein Regulativ darstellt gegen Über- oder Unterforderungen).
- Natürliche, zyklische Bewegungen, wie Sinken und Steigen, Öffnen und Schließen, also Pulsationen zentrale Elemente bilden.
- Eine Verbindung zwischen Kraft spendender Erde und aufrichtenden öffnenden Himmel geschieht.
- Nicht Machen sondern Geschehenlassen im Vordergrund steht.
- Sicherheit bietende Struktur/Form/Rituale, aber auch die Möglichkeit sich der Situation hinzugeben, ins Erleben zu kommen vorhanden sind.
- Es einen Erklärungshintergrund bietet.

Trotz der genannten förderlichen Aspekte ist es nicht möglich, intensive Erfahrungen des Einsseins, auf natürlichem Wege mittels Qigong, garantiert herbei zu führen. Die Bedingungen lassen sich aber optimieren, bzw. Hinderliches reduzieren, so dass die Wahrscheinlichkeit steigt, dass das Einssein entdeckt werden kann.

Damit nachhaltige transpersonale Erfahrungen des Einsseins möglich und gut integrierbar sind, ist es wichtig sich der Schattenseiten seiner Persönlichkeit bewusst zu werden und sie akzeptieren zu lernen. Die klassische Psychotherapie und spirituelle Übungswege könnten so Hand in Hand gehen. Allerdings wird das Bedürfnis nach ganzheitlichen Erlebnissen, die über das alltägliche normierte und isolierte Leben hinausweisen, in der Suchttherapie häufig abgelehnt. Dies ist gerade bei Drogenabhängigen zwar nachvollziehbar, aber m. E. kontraproduktiv. Ähnlich wie bei den Essstörungen, bei denen es auch nicht Ziel sein kann, das Essen an sich zu vermeiden, darf es auch nicht Ziel sein die Sensationsfähigkeit und Sehnsucht nach ganzheitlichem Erleben der ehemals Drogenabhängigen zu unterbinden. Dies führt in ein sehr langweiliges und stark an gesellschaftliche Regeln angepasstes, ängstliches und isoliertes Leben.

Im Sinne einer Rückfallprophylaxe und Entwicklungsförderung sollte die Verbesserung der Genussfähigkeit (beispielsweise auch das Thema Sexualität), die Möglichkeit Erfahrungen des Einsseins zu erleben, Teil der Therapie sein. So können erfüllende Alternativen zum Drogenkonsum gelernt werden (vgl. auch transpersonale Psychologie).

Auch der Drogenkonsum (beispielsweise von Halluzinogenen und Ecstasy) kann, in diesem Kontext, als eine Art der spirituellen Suche interpretiert werden. Auch Drogen können Erfahrungen des Einsseins vermitteln. Qigong kann demnach Drogen im gewissen Sinne ersetzen, wobei eigentlich die Droge das Substitut darstellt, da durch Qigong diese Empfindungen auf natürlichem Wege entstehen und gesundheitsfördernd wirken. Die von MERTENS beschriebene Suche nach intensiven Erfahrungen kann so befriedigt werden.

Um keine Missverständnisse aufkommen zu lassen, werde ich nun auch entscheidende Unterschiede zwischen einem Leben mit Drogen und einem mit Qigong darlegen.

Drogenkonsum versus Qigong
- Beim Qigong findet keine biochemische Überflutung mit entsprechenden Anpassungserscheinungen, wie Toleranz und Dosissteigerung statt. Drogen stimulieren die entsprechenden Hirnstrukturen direkt, unter Umgehung der physiologischen Kontrollmechanismen, denen sensorische afferente Reize (wie beim Qigong) unterworfen sind (vgl. ROMMELS-PACHER 1998).
- Die Empfindungen beim Konsum von Drogen sind so meist stärker als beim Qigong-Üben.
- Qigong bietet keine Garantie für Erfahrungen des Einsseins (im Gegenteil verhindert die Erwartung häufig entsprechendes Erleben).
- Es bestehen Einflussmöglichkeiten im Qigong, so dass der Übende nicht, wie unter Drogeneinfluss, den Empfindungen ausgeliefert ist.
- Nach dem Qigong-Üben treten keine Selbstzweifel und Schuldgefühle auf.
- Es gibt keinen emotionalen und körperlichen Absturz in den Entzug.

- Qigong-Üben bedeutet keine Abhängigkeit von einer zugeführten Substanz, mit den ihr innewohnenden Gefahren (Beimengungen, Illegalität, Beschaffungsdruck etc.).
- Qigong führt nicht zum hedonistischen Stillstand, zur Reduzierung auf eine Persönlichkeitsdimension, sondern schafft Verbindung, Einsicht und Weitung (stärkt also Gesundheit und nicht Krankheit)
- Qigong ist gesellschaftlich (meist) anerkannt.

Qigong als sinnstiftendes Element

Etymolisch stammt der Begriff „Sinn" von ie. sent: eine Richtung nehmen, gehen, auf dem Weg sein, empfinden, wahrnehmen (PFEIFER 1993).

In dem Wortstamm „sent" findet sich bereits die den Menschen ausrichtende Qualität des Sinns. Die Beliebigkeit des Seins und Handelns wird ersetzt durch einen Bedeutungsgehalt eines orientierenden Systems. „Sinn erzeugt Kontext und Kontext erzeugt Sinn. Sinn ist eine erlebenssteuernde Einheit" (TRETTER 1998, 322).

Das sinnstiftende Element des Qigong kann vor allem auch für Menschen wichtig werden, die ein Leben mit Drogen hinter sich lassen wollen. Jahrelang strukturierte die Drogensucht ihre Leben, war Lebenssinn (24 Stunden täglich an sieben Tagen die Woche) die Vermeidung des Entzuges und der Erhalt eines möglichst intensiven Rausches (der zumindest beim Heroin selten wieder so erlebt wird, wie zu Beginn der Abhängigkeit). Die Sucht und der gesellschaftliche Umgang mit ihr (Beschaffungs-, Justiz- und Verdeckungsdruck) ist wahrlich sinnstiftend, im Sinne: Dem Leben eine Richtung und Struktur geben, auf eine Reise gehen.

Dieser Sinn soll und will nun aufgegeben werden. Die entstandene Lücke allerdings muss gefüllt werden, da sonst Langeweile, das Gefühl von Sinn- und Wertlosigkeit und das Umfeld „süchtige Gesellschaft" (vgl. KLEIN 1991, 5) leicht die ausgetretenen Pfade wieder einschlagen lassen. Wird das Symptom (die Drogenabhängigkeit) abgebaut, ohne dass neue sinnhafte Bezüge gewachsen sind, führt dies häufig in einen Symptomrückfall oder in eine Depression.

Nach meiner Erfahrung allerdings findet die Psychotherapie in der Suchthilfe vor allem auf pathogenetische Weise statt. Die Krankheit und Schwächen stehen im Vordergrund. Es wird persönliche und familiäre Ursachenforschung betrieben. Dies hat auch seine Berechtigung, allerdings dürfen ressourcen-orientierte und sinnstiftende Elemente nicht zu kurz kommen.

Was mache ich sinnvolles mit mir und meiner Zeit als wahrscheinlich Arbeitsloser nach der Therapie? Victor FRANKL entwickelte eine ganze Therapieform (die Logotherapie) in der die Frage nach dem Sinn und deren Beantwortung die zentrale Rolle einnimmt und auch ANTONOVSKY misst dem Sinn, dem Gefühl dass die Anforderungen des Lebens von Bedeutung sind, einen entscheidenden Einfluss auf das Kohärenzgefühl des Menschen bei (siehe ebd. 1997, 35).

Mittels Qigong kann der Weg klar werden. Man kann die Reise beginnen, sich in Bewegung setzen. Aber auch die Ableitungen des Wortes „Sinn", wie „sinnlich", „übersinnlich", „bei Sinnen sein", berühren verschiedene zentrale Aspekte des Qigong:

a) „Sent": Qigong kann dem Leben eine Richtung geben, der Anfang einer Reise sein, entwicklungs- und erkenntnisfördernd wirken:
  - Durch eine Verortung im Leib und Wertschätzung des eigenen Leibes und Lebens.
  - Durch Erfahrungen des Einsseins, Sehnsucht und Ausrichtung dahin.
  - Durch ein Verständnis von natürlichen Phänomenen, wie Polaritäten und energetischen Prozessen (5 Elemente).
  - Durch eine Beschäftigung mit grundlegenden Lehren wie dem Taoismus, dem Buddhismus oder der Philosophie.
  - Durch eine Auseinandersetzung mit Themen wie Ernährung, Gesundheit und Selbstwirksamkeit.
b) „Sinnlich": Es betrifft und fördert die Sinne, die Feinfühligkeit und Genussfähigkeit
c) „Bei Sinnen sein": Es kann Klarheit schaffen, den Geist beruhigen.
d) „Übersinnlich": Es kann transzendente Erlebnisse vermitteln.

Wirkzusammenhänge aus salutogenetischer Sicht

Eingangs habe ich das salutogenetische Modell zur Entstehung von Gesundheit und Krankheit skizziert, um nun mögliche Wirkungen des Qigong anhand dieses Modells darzulegen.

Qigong kann salutogenetisch wirken:
  - Indem eingehende Reize nicht als Stressoren (spannungsauslösend), sondern als neutral wahrgenommen werden (primäre Bewertung 1),

da der Grad der Vorerregung und Sensibilität der Stresssysteme gesenkt wird.
- Wenn Reize zwar als spannungsvoll erlebt, aber nicht als bedrohlich eingeschätzt werden, da mit ihnen umzugehen gelernt wurde (primäre Bewertung 2).
- Da genussvolle Erfahrungen gemacht werden, die das Kohärenzgefühl stärken.
- Da es ein Training mit Belastungen ist und so das Gefühl der Handhab-barkeit steigert.
- Da es Erklärungsmodelle bietet und so das Gefühl der Verstehbarkeit verbessert.
- Es sinnstiftend wirken kann.

Beim Qigong-Üben werden sowohl innere als auch äußere Reize bewusst wahr genommen. Der Übende wird mit seiner Sensitivität vertraut, er lernt die eingehenden Reize und seine leibliche Verarbeitung kennen, er lernt sie verstehen und macht zum Beispiel die Erfahrung, dass Spannungen/Stressoren auch von alleine verschwinden können, sie nicht immer bedrohlich sein müssen.

Im fortlaufenden Übungsprozess kann erlebt werden, wie Sensationen und Emotionen zu beeinflussen sind. Es werden also Bewältigungsstrategien (Widerstandsressourcen) gelernt, die wiederum das Kohärenzgefühl stärken.

Sich nicht so schnell bedroht zu fühlen, genussvolle Erfahrungen zu machen, einen größeren Handlungsspielraum zu besitzen und die Anforderungen des Lebens besser zu verstehen und als sinnvoll zu empfinden, steigert die Widerstandsressourcen und stärkt das Kohärenzgefühl, beeinflusst positiv meine Haltung zur Welt.

Risiken und Widerstände

Natürlich können auf einem Übungsweg auch Gefahren und Widerstände auftreten, gerade auch für Menschen mit psychischen Problematiken, die ich hier nicht unerwähnt lassen möchte.

Beispielsweise besteht die Möglichkeit, dass Erfahrungen des Einsseins nicht gut integriert werden können, sie also nicht zu einem verbesserten Bezug und der Bewältigung des eigenen Lebens und der Umwelt führen, sondern „abdriften" lassen. Das Ich soll sich nicht auflösen, sondern im hegelschen Sinne „aufgehoben" werden, sich also auf einer höhere (oder tieferen) Ebene mit der Welt verbinden. Jeder spirituelle Übungsweg sollte wieder in den Alltag zurückführen und hier hilfreich wirken, also handlungsfähig machen. Eine andere Gefahr liegt nicht in der Auflösung des Ichs, sondern in seiner Übersteigerung. Für narzisstisch geprägte Persönlichkeiten kann beispielsweise eine erhoffte Erleuchtung äußerst attraktiv wirken. Eine wichtige Funktion hat hierbei die Anleitung, der Lehrer(in), der sehr aufmerksam sein muss für solche Entwicklungen, Hilfestellungen anbieten muss, Grenzen setzt und keine überhöhten Erwartungen schüren darf. Zudem ist es wichtig, bei der beschriebenen Persönlichkeitsstruktur ehemaliger Drogenabhängiger, behutsam vorzugehen, also die Betroffenen nicht zu überfordern, Entwicklungen nicht zu stark voranzutreiben. Um diese Anforderungen erfüllen zu können, bedarf es einer guten Ausbildung, ausreichender Erfahrung des Lehrenden und einer guten Vernetzung im therapeutischen Team.

Ähnlich verhält es sich mit traumatischen Erlebnissen oder negativen Bildern/Empfindungen die beim Qigong auftauchen können. Sie können nutzbar gemacht werden, wenn der Klient nicht alleine gelassen wird und das Erlebte im therapeutischen Prozess aufgearbeitet wird.

Für Menschen mit Ängsten und Panikattacken können Übungen, die stark mit der Vorstellung arbeiten, angstauslösend wirken. Sicherheit bietet Festes, Strukturelles, Betonung auf den Unterbauch und den Boden.

Trotz der verschiedenen genannten Risiken treten nach meiner Erfahrung im Suchtbereich eher selten genannte Phänomene auf. Anders verhält es sich im psychiatrischen Bereich.

Neben den Gefahren eines spirituellen Übungsweges können sich aber auch noch genügend andere Widrigkeiten ergeben, denn der Prozess der Umorientierung braucht Zeit und erzeugt häufig auch Widerstände. Eingetretene Pfade sind leichter zu gehen als unbekannte, beispielsweise will das „innere Radio" keine Ruhe geben – im Qigong spricht man vom Herzaffen und dem Ideenpferd (den überschießenden Emotionen und umherschweifenden Gedanken) welche gebändigt werden sollen –, es macht sich Langeweile breit oder es scheint unmöglich eine Regelmäßigkeit für das Üben zu finden. Auch hier bieten eine erfahrene Anleitung, eine Gruppe und Strukturen Hilfe.

Nach meiner Erfahrung wird bei Menschen im Anfängerbereich, und gerade auch bei ehemals Drogenabhängigen, Qigong selten als Selbsthilfe praktiziert. Das Üben in einer Gruppe, in einem gemeinsamen Feld wirkt ungleich intensiver und motivierender, als das Üben alleine zu Hause. In einer stationären Therapie gibt es die Möglichkeit täglich Qigong anzubieten und entsprechende „Verträge" auszuhandeln, wie den Interessierten zu verpflichten, eine bestimmte Anzahl von Terminen in Folge am Qigong-Kurs teilzunehmen. In der ambulanten Arbeit finden die Kurse meist einmal wöchentlich statt, und das zu Hause allein Üben fällt schwer. Übe ich aber nur einmal wöchentlich treten die genannten (möglichen) Wirkungen meist weniger oder weniger nachhaltig auf.

Hier liegt meines Erachtens auch eine Einschränkung der genannten Argumente für das Qigong in der Suchttherapie (aber auch aller anderen Interventionen). „Meister meiner Gefühle" zu werden oder auch transzendente Erfahrungen zu machen kann als Ausrichtung gedacht werden, nicht als garantierte Wirkung, welche linear auftritt. Aber auch Schritte in diese Richtung bedeuten Veränderungen und Erfolge. Was genau bei jedem Einzelnen passiert ist nicht vorhersagbar, aber Wahrscheinlichkeiten oder Tendenzen können benannt werden (wie in der Quantenphysik).

Nicht von jedem Menschen und zu jeder Zeit kann Qigong angenommen werden. Gerade auch während einer stationären Therapie kann der Bedarf am „Hinspüren" mehr als gedeckt sein und vielmehr der Wunsch nach Ablenkung und intensiven äußeren Reizen bestehen. Menschen die sehr unter emotionaler Anspannung stehen, sollte die Möglichkeiten gegeben werden diese vorher abzubauen. Hier kann es sinnvoll sein keine ganzen Qigong-Einheiten anzubieten, sondern Sport oder Abenteuer mit Elementen aus dem Qigong abzuschließen, aber auch einleitende lösende und lockernde Übungen sind häufig hilfreich.

Die Ablehnung von Übungswegen wie das Qigong kann auch grundsätzlicher Natur sein. Die weichen Bewegungen passen nicht ins Selbstkonzept und werden als unmännlich abgewertet. Hier Neugierde zu wecken und Vorurteile abzubauen ist nicht immer einfach.

Der sozioemotionalen Ebene, wie das direkte in Kontakttreten mit Anderen und der kreativen, spontanen Ebene kommt in den meisten Qigong-Formen eine untergeordnete Rolle zu. Ausnahmen bilden hier beispielsweise das „Kranich-Qigong" (siehe LANDMANN 1989), in dem spontane Bewegungen gesucht und ausgelebt werden oder auch neue, synergistische Formen wie das „Qigong Dancing" (siehe SCHRÖDER 2004). Wobei ich meine und dargelegt habe, dass das Arbeiten an der Basis, auf sensomotorischer und emotionaler Ebene, gerade für diese Zielgruppe von zentraler Bedeutung ist. Das Hinaustreten kann auch in anderen Disziplinen wie dem Taijiquan, Kampfkünsten, Tanz, Spiel und Alltag sehr gut geübt werden.

Bei den genannten Widerständen und deren Überwindung spielen die Ausstrahlung und Erfahrung des Lehrers eine entscheidende Rolle. Auch in anderen Therapien ist bekannt, dass die Beziehung zwischen Therapeuten und Klienten häufig eine wichtigere Funktion für den Entwicklungsprozess einnimmt, als die angewandte Methode. Es besteht also auch ein entscheidender Wirkzusammenhang zwischen Lehrer und Schüler.

Der Wunsch nach einer allwissenden Vater- oder Mutterfigur, der Wunsch nach Auflösung des Ichs, der Abgabe von Verantwortung ist in einer schwierigen Zeit und Mangel an passenden Vorbildern nachvollziehbar und auch nicht nur verwerflich. Ein verantwortungsvoller Lehrer bietet Richtung, Schutz und kann den Entwicklungsprozess beschleunigen. Auf der anderen Seite besteht die Gefahr, dass ein ungesundes Abhängigkeitsverhältnis entsteht. Hier gilt es sowohl als Lehrer sensibel zu bleiben gegen die Versuchungen der eigenen Überhöhung und wiederum als Schüler nicht aus den Augen zu verlieren, dass eine Gefahr darin besteht den Lehrer zu idealisieren, Wunschvorstellungen in ihn hinein zu projizieren.

Zusammenfassung

Abschließend möchte ich hervorheben, dass alle Modelle immer nur Simplifizierungen und Verallgemeinerungen darstellen, sie niemals die Realität in ihrer Komplexität, aber auch in ihrer dynamischen Fluktuation wirklich abbilden können (die Karte ist nicht das Gelände). Sie dienen aber als hilfreiche Schablonen und Werkzeuge, solange der Anwender bereit ist offen zu sein für das Andere, Untypische, Einzigartige eines jeden Menschen (neben den genannten Zusammenhängen auch das Chaos, das Unvorhersagbare oder auch andere Formen der Ordnung zu akzeptieren). Das Modell, die Theorie darf nicht zwischen den Menschen stehen und den eigentlichen Kontakt verhindern. Unter den genannten Einschränkungen und Bedingungen bieten Modelle aber die Möglichkeit, Zusammenhänge und Wahrscheinlichkeiten, zwar vereinfacht, aber deshalb handhabbarer zu erkennen. Die (subjektive) Realität kann mit dieser Schablone analysiert werden. Sie bietet eine Arbeitsgrundlage.

- MERTENS beschreibt in seinem Modell zur Suchtentstehung als charakteristische Persönlichkeitsstruktur Drogenabhängiger eine besondere Sensationsfähigkeit bei gleichzeitiger geringer Distanz zur persönlichen Wertung. Dieses intensive, aber auch leicht irritierbare und überbordende Erleben löst Ängste aus. Das gleichzeitige Verlangen nach intensiven Erfahrungen und andere ungünstige Einflüsse lassen das System kippen und münden im Sinne einer Selbstmedikation in einen Drogengebrauch (als Reizschutz) und schließlich in eine Abhängigkeit. Die aus diesem Modell ableitbaren Persönlichkeitsmerkmale, wie Reizoffenheit, Affektlabilität oder „sensation seeking" werden in der gesichteten Literatur genannt.

Während MERTENS diese Reizoffenheit aber als besondere Sensationsfähigkeit positiv als Ressource wertet (wenn die Bewertungsebene auf das gleiche Niveau gehoben und somit der Mensch handlungsfähig ist), wird sie sonst in der Sucht- und Psychoseforschung meist negativ als Mangel beschrieben.

Für die Selbstwahrnehmung und das Selbstverständnis in der Therapie kann es jedoch von entscheidender Bedeutung sein, ob der Abhängige sich pauschal abwertet (was ohnehin meist schon geschieht) oder ob das Selbstbild wesentliche Facetten enthält, die ihn (sie) darin unterstützen sich als wertvollen Menschen mit vielen Entwicklungspotentialen zu begreifen. Und natürlich könnten sich auch Wahrnehmung und Interventionen des Therapeuten, im Hinblick auf diesen Hintergrund, maßgeblich verändern.

Das Qigong bietet verschiedene Möglichkeiten Erleben und Emotionen stärker zu entkoppeln, den Handlungsspielraum zu erweitern und somit das Selbstvertrauen des Übenden zu stärken, den Menschen gelassener werden zu lassen. MERTENS erläutert, wie im geschützten Rahmen, mit Hilfe von strukturierenden Maßnahmen in das achtsame Erleben und Bewegen eingetaucht werden kann. Es kann gelernt werden, dass Emotionen aushaltbar sind oder auch welche Regulationsmöglichkeiten möglich sind (beispielsweise Betrachtung, Atmung, Vorstellung, Strukturen und die Kraft der Erde). Dies vermindert Ängste, stärkt das Selbstbewusstsein und erweitert die Handlungsmöglichkeiten auch im Alltag. Es hilft dem Gefühl entgegen zu wirken den Emotionen hilflos ausgeliefert zu sein, es hilft seine Selbstwirksamkeit zu spüren und den Anforderungen des Lebens gelassener begegnen zu können. Qigong-Üben bedeutet die Belastbarkeit des Organismus auch auf energetischer und struktureller Ebene zu optimieren. Dies geschieht durch ein besseres in Beziehung treten der Körperbereiche, so dass der Organismus sich kohärenter organisiert und plötzlich einwirkende reize (z.B. Beschleunigungen) besser weitergereicht werden können.

Mittels verschiedener Untersuchungsmethoden und Perspektiven, die ich in dieser Publikation dargestellt habe, lassen sich diese Effekte nachweisen und beschreiben. Wobei es noch viele offene Fragen zu beantworten gilt.

Das von MERTENS beschriebene Eintauchen in das Wahrnehmen beim Qigong-Üben bewirkt zudem auch eine Wiederbeheimatung im eigenen Leib und kann so seiner Funktionalisierung (in der Gesellschaft und im süchtigen Leben) entgegen wirken. Grenzen zwischen Geist und Materie sowie Ich und Welt werden durchlässiger, so dass genussvolle und auch spirituelle Erfahrungen des Einsseins möglich sind. So kann der ehemals Drogenabhängige seine besondere Sensationsfähigkeit als Qualität schätzen lernen und gleichzeitig das Bedürfnis nach intensiven Erlebnissen entwicklungsfördernd nutzen. Er kann seinem Leben eine Richtung geben. Die für die Betroffenen häufig vorherrschende Sinnlosigkeit, kann darüber hinaus durch Beschäftigung mit Themen wie Ernährung, energetischen Prozessen, Buddhismus, Taoismus und der Philosophie ausgefüllt werden. Qigong kann als Vehikel dienen, um die interessanten und heilsamen Aspekte des Lebens zu entdecken und zu fördern und so Rückfälle in die Drogenabhängigkeit vermeiden helfen.

Auch aus Sicht der Biophotonentheorie bedeutet Qigong-Üben das Erreichen einer höheren Stimmigkeit, einer höheren Kohärenz und Resonatorgüte, welches mittels Biophotonenanalyse und EEG messbar und durch positive Emotionen spürbar wird. Kohärenz bedeutet Lebendigkeit, die Fähigkeit Ordnung zu speichern, dem thermischen Verfall (Entropie) entgegen zu wirken.

Ausblick und Hoffnungen

Meine Zweifel, was die Generalisierbarkeit der von MERTENS beobachteten Persönlichkeitsstruktur Drogenabhängiger angeht, können mittels einer empirischen Studie überprüft werden. Interessant wäre es auch, Kohärenzmessungen bei ehemaligen Drogenabhängigen mit und ohne Qigong-Üben durchzuführen. Nach Literatur- und Internetrecherche habe ich auch keine Studie gefunden, die untersucht, welchen Einfluss eine Gruppe auf das Üben eines Einzelnen hat oder wie sich das gemeinsame elektromagnetische Feld auswirkt (spürbar ist es). Eine andere Frage wäre, welche Einflüsse die Biophotonentheorie und ihre Konsequenzen auf die Bewegungs- und Sportwissenschaft haben oder haben könnte. Von Bedeutung wäre es auch, gängige bewegungsorientierte Therapien oder Trainingsformen auf ihren Einfluss auf die Kohärenz des elektromagnetischen

Feldes des Menschen, also den Einfluss auf seine Lebendigkeit und Gesundheit zu untersuchen. Das Feld ist groß, in dem die Biophotonentheorie Anwendung finden könnte. Im Bereich der Sport- und Bewegungswissenschaften ist die Entwicklung noch nicht all zu weit fortgeschritten, aber es besteht Hoffnung, dass sich dies in den nächsten Jahrzehnten ändern wird.

Vielleicht kann diese Arbeit auch einen kleinen Beitrag zur Entstigmatisierung Drogenabhängiger und Menschen mit psychischen Problemen leisten. Voraussichtlich würde sich auch das Krankheits- bzw. Gesundungsgeschehen ändern, wenn die gesellschaftliche Wertung und der zwischenmenschliche Umgang (therapeutisch und privat) den genannten Aspekten Rechnung tragen würden (vgl. CIOMPI 1982, 324). Was bedeutet, Abhängige oder Menschen mit einer Psychose nicht nur als Kranke und Mangelhafte zu betrachten, sondern als Menschen mit einer besonderen Fähigkeit, welche wertvolle Potentiale bietet, mit dem sie und das Umfeld aber erst lernen müssen umzugehen. Diese Fähigkeit könnte als für die evolutionäre Entwicklung des Menschen maßgeblich betrachtet werden, wenn die gesellschaftlichen Normen über das was „sein darf" und „zu sein hat" nicht mehr so eng definiert werden würden.

Für die frisch aus der Sucht entkommenden, können die genannten Erkenntnisse und die daraus folgende größere Wertschätzung, sehr entlastend und aufbauend wirken. Meine Sensationsfähigkeit ist etwas Wertvolles und bietet mir, bei gelerntem Umgang, große Entwicklungspotentiale.

Anhang
Diagnostische Leitlinien des Abhängigkeitssyndroms:

Laut dem ICD 10 müssen drei oder mehr der folgenden Kriterien vorhanden sein, um ein Abhängigkeitssyndrom diagnostizieren zu können:

- Ein starker Wunsch oder eine Art Zwang Substanzen oder Alkohol zu konsumieren.
- Verminderte Kontrollfähigkeit bzgl. des Beginns, der Beendigung und der Menge des Substanz- oder Alkoholkonsums.
- Substanzgebrauch mit dem Ziel Entzugssymptome zu mildern und der entsprechenden positiven Erfahrung.
- Ein körperliches Entzugssyndrom (F1x.4 und F1x.5).
- Nachweis einer Toleranz.

- Ein eingeengtes Verhaltensmuster im Umgang mit Alkohol oder der Substanz.
- Fortschreitende Vernachlässigung anderer Vergnügen oder Interessen zugunsten des Substanzkonsums.
- Anhaltender Substanz- oder Alkoholkonsum trotz Nachweises eindeutiger, schädlicher Folgen.

(aus LADEWIG 2000, 22)

Erste Gedanken zu praktischen Konsequenzen

Ausgehend von den Thesen dieser Arbeit, werde ich hier stichwortartig erste Gedanken für die praktische Umsetzung, sprich der Anleitung von Qigonggruppen für die beschriebene Zielgruppe, festhalten.

a) Mit intensiven oder ungewöhnlichen Sensationen bei den Teilnehmern (TN) rechnen.
b) Rückmeldungen einholen (Feedback so umfassend, wie von den TN gewollt):
   - Welche Fragen sind günstig?
   - Reden (kognitive Ebene) kann entlasten, aber auch angenehme Empfindungen vermindern und ins Bewerten führen.
   - Als Anleitender das Feedback nicht bewerten.
   - Man erlebt mehr, als man ausdrücken kann.
   - Soll ich aufgrund des Feedbacks etwas an meiner Anleitung ändern?
c) Anspannungen/Stressoren wahrnehmen lassen, was passiert von alleine, was kann der TN tun?
d) Stabilisierende Maßnahmen kennen und vermitteln, aber keine Ängste schüren.
e) Sicherheit bieten durch Struktur .
f) Das Beobachten üben, ohne sofort ins werten zu kommen.
g) Erklären, dass tranceartige Zustände möglich sind.
h) Hintergründe erläutern, theoretische Bezüge schaffen:
   - Beobachtung und Regulation von einander trennen.
   - Akzeptierende Atmosphäre schaffen, weniger falsch und richtig, als günstig und weniger günstig (was bedeutet, dass auch die Anleitung sich selbst gegenüber weitestgehend akzeptierend ist), weniger Fixierung auf einen Sollwert (vorsichtig mit Bewertungen sein).
   - Statt Sollwert, sich einlassen auf den individuellen Prozess und hier fördernd wirken.

- Trotzdem soviel Form vermitteln, dass Erleben möglich wird.
- Eigenverantwortlichkeit betonen (möglichst Abhängigkeiten vermeiden, „Was ist gut für mich?" fördern).
- Empfindungen möglichst wenig vorgeben, nicht zu sehr suggestiv beim Wahrnehmen wirken.
- Erfahrungen des Einsseins, Flow, positive Emotionen fördern, Genuss als Ziel (ohne zu überfordern).
- Sich selbst als Messfühler nutzen (Wie fühle ich mich beim Tun, was tut mir gut?).
- Einleitende Lockerungsübungen sind wichtig.
- Die ganzen Modelle und Gedanken vor und beim Tun vergessen und stattdessen offen werden für das was kommt und da ist.
- Auch in der Anleitung, weniger Tun als geschehen lassen.

Literatur

ANTONOVSKY, A.: Health, stress, and coping. San Franzisco 1979

ANTONOVSKY, A.: Gesundheitsforschung versus Krankheitsforschung. In: FRANKE, A. / BRODA, M. (Hrsg.): Psychosomatische Gesundheit. Tübingen 1993

ANTONOVSKY, A.: Salutogenese: zur Entmystifizierung der Gesundheit. FRANKE, A (Hrsg.). Tübingen 1997

BELSCHNER, W.: Integrale Rehabilitation. In: BÖLTS, J. (Hrsg.): Qigong und Rehabilitation. Oldenburg 1998, 43-66

BENGEL, J. / STRITTMATTER, R. / WILLMANN, H.: Was erhält Menschen gesund? In: Forschung und Praxis der Gesundheitsförderung 6 (2001)

BISCHOF, M.: Biophotonen das Licht in unseren Zellen. Frankfurt a. M. 1995

BOCK-MÖBIUS, I.: Qigong – Meditation in Bewegung. Heidelberg 1993

BOHNER, S.: Sport- und Bewegungstherapie im Drogenentzug. Hamburg 2002

BÖS, K. / WOLL, A.: Das Saluto-Genese-Modell. In: ALFERMANN, D. (Hrsg.): Psychologische Aspekte von Sport und Bewegung in Prävention und Rehabilitation. Köln 1994, 29-38

BOWMAN, B.: Cross-cultural validation of Antonovsky's Sense of Coherence Scale. Journal of Clinical Psychology 52 (1996), 547-549

BUNDESMINISTERIUM FÜR BILDUNG UND FORSCHUNG (2001): Bekanntmachung. <www.bmbf.de/foerderungen/677_2053.php> vom 08.02.2005

CIOMPI, L.: Affektlogik: Über die Struktur der Psyche und ihre Entwicklung. Stuttgart 1982

DEBUS-KAUSCHAT, I.: Die Rolle der Vorstellungskraft beim Qigong-Üben mit körperlich Behinderten. In: BÖLTS, J. (Hrsg.): Qigong und Rehabilitation. Oldenburg 1998, 122-130

ENGELHARDT, U.: Die klassische Tradition der Qi-Übungen. München 1987

ENGELS, F. (2002): Posttraumatische Belastungsstörung (PTSD) <www.psychiatriegespraech.de /index1.htm > vom 10.11.2004

FOEN, T.L.: Wirkprinzipien von Qigong. In: BÖLTS, J. (Hrsg.): Qigong und Rehabilitation. Oldenburg 1998, 151-156

FRANKE, A. / ELSESSER, K. / ALGERMISSEN, G.: Gesundheit und Abhänigkeit bei Frauen. Bonn 1997

FRITZE, J.: Zur Biologie der Abhängigkeit und der Sucht. In: NISSEN, G. (Hrsg.): Abhängigkeit und Sucht. Göttingen 1994, 25-43

GRÜSSER, S. M. / FLOR, H. / HEINZ, A.: Drogenverlangen (Craving) und Drogengedächtnis. In: Moderne Suchtmedizin 3 (1998), B 2.6.1-4

GRUPE, O.: Grundlagen der Sportpädagogik. Schorndorf 1984

GUORUI, J.: Die 8 Brokatübungen, Bewegung und Ruhe. Uelzen 1996

GURWITSCH, A.: Das Problem der Zellteilung physiologisch betrachtet. Berlin 1926

HEIGL-EVERS, A.: Sucht und Alkoholabhängigkeit aus tiefenpsychologischer Sicht. In: Dt. Hauptstelle gegen Suchtgefahren (Hrsg.): Süchtiges Verhalten. Hoheneck 1985, 23-27

HEIMANN, H.: Zur Psychopathologie der Abhängigkeit und Sucht. In: NISSEN, G. (Hrsg.): Abhängigkeit und Sucht. Göttingen 1994, 13-24

HEISE, T.: Zu den Ursprüngen des Qigong. In: BÖLTS, J. (Hrsg.): Qigong und Rehabilitation. Oldenburg 1998, 165-175

HEMPEN, C.-H.: Die Medizin der Chinesen. München 1988

HONGYO, D.: Das daoyin-Qigong. Oldenburg 1993

KAWANO, K. / SHI, J.M. / DUAN, L.Y.: The Frequency Change in Alpha Waves and the Appearance of Theta Waves during Qigong and Meditation. In: J. of ISLIS 14 1 (1996), 22-32

KIERMAYR, B.: Differentialdiagnostik bei Alkoholkranken. Hamburg 1994

KLEIN, M.: Sport in der Suchtbehandlung. In: Begleitheft zu den Further Fortbildungstagen 1987, 19-34

KLEIN, M.: Von der Seele des Körpers. Oldenburg 1991

KRAUSZ, M.: Definition und Diagnostik der Abhängigkeit. In: GÖLZ (Hrsg.): Moderne Suchtmedizin 3 (1998), B 3-1 – B 3-4

KRAUSZ, M.: Zwischen Mystik und Evidenz – zum Stand der Modellbildung in der Suchtforschung. In: KRAUSZ, M. / HAASEN, C. (Hrsg.): Kompendium Sucht. 2004, 1-10

KUHN, R.: Beitrag zur Daseinsstruktur von Suchtverhalten. In: NISSEN, G. (Hrsg.): Abhängigkeit und Sucht. Göttingen 1994, 54-61

MANN, K.: Suchterkrankungen. In: BERGER, M. (Hrsg.): Psychische Erkrankungen. München 1999

LADEWIG, D.: Opiatabhängigkeit. In: THOMASIUS, R. (Hrsg.): Psychotherapie der Suchterkrankungen. Stuttgart 2000, 21-28

LANDMANN, R.: Die Kranichübung von Zhao Jinxiang. Hamburg 1989

LEE, M.S. / KIM H.J. / MOON, S.R.: Qigong reduced Blood Pressure and Catecholamine Levels of Patients with essential Hypertension. In: Int. Journal of Neuroscience 113 (2003), 1691-1701

LI, M. / CHEN, K. / MO, Z.: Use of Qigong Therapie in the Detoxification of Heroin Addicts. In: Alternativ Therapies 8 (2002), 1-9

MANZANEQUE, J.M. / VERA, F.M. / MALDONADE, E.F.: Assessment of Immunological Parameters following a Qigong Training Program. In: Medical Science Monitor 10 (2004), 264-270

MENNE, S. / NOLTE, B.: Suchtprävention im Kindergarten. In: BENGEL, J (Hrsg.) In: Forschung und Praxis der Gesundheitsförderung 6 (2001), 156-161

MERTENS, W. / OBERLACK, H.: Qigong. München 2003

MÖHLENKAMP, G.: Über den Nachteil eines Vorteils. In: BOCK et al. (Hrsg.): Anstöße zu einer anthropologischen Psychiatrie. Bonn 2004, 88-102

NISSEN, G.: Sucht und süchtiges Verhalten. In: NISSEN, G. (Hrsg.): Abhängigkeit und Sucht. Göttingen 1994, 9-12

NAKAMURA, H. / Kokubo, H. et al.: Biophoton and Temperature Changes of Human Hand during Qigong. In: Journal of ISLIS 18, 2 (2000), 418-422

OLVEDI, U.: Das stille Qigong nach Meister Zhi-Chang Li. Ullstein 2004

OTS, T.: Medizin und Heilung in China. Berlin 1987

PARKHOMTCHOUK, D.V. / HIRASAWA, M. / YAMAMOTO, M.: Low Noise System with Optical Cable Probe for Ultra-weak Photon Emission Measurements from Living Matter. In: J. of ISLIS 18, 1 (2000), 413-417

PERT, C. B..: Moleküle der Gefühle. Reinbek 1999

PERT, C. B. / SNYDER: Opiate receptor: Demonstration in nervous Tissue. In: Science 179, 1011-1014

PFEIFER, W.: Etymologisches Wörterbuch des Deutschen. Berlin 1993

POPP, F.-A.: Biologie des Lichts. Berlin 1984

POPP, F.-A.: Molekulare und biophysikalische Aspekte der Malignität. Leer 1985

POPP, F.-A.: Die Botschaft der Nahrung, Frankfurt a. M. 1999

POPP, F.-A.: Leben und Licht. In: Tattva Viveka 18 (2002), 20-29

RAVITZ, L.J.: Application of the electromagnetic Field Theorie in Biology, Psychiatrie, Medicine and Hypnosis. In: American Journal of Clinical Hypnosis Vol. 1, 4 (1959)

ROMMELSPACHER, H.: Modelle der Abhängigkeit. In: Moderne Suchtmedizin 3 (1998), B 2.1-1 bis B 2.1-9

RÖSINGER, C.: Aktuelle Aspekte der Therapie drogenabhängiger Patienten. In: NISSEN, G. (Hrsg.): Abhängigkeit und Sucht. Göttingen 1994, 69-76

ROSSI, P. (2000): ADD – Selbstwertgefühl, Dissoziation und Identität. <www.adhs.ch/add/identitaet.htm> vom 03.10.2004

RUTH B.: Experimenteller Nachweis ultraschwacher Photonenemission aus biologischen Systemen. Marburg 1977

SAKAIDA, H. / KOKUBO, H. / YAMAMOTO, M. / HIRASAWA, M.: A Study of infrared Measurements during Qigong. In: Journal of ISLIS 18, 1 (2000), 276-282

SCHINDLER, A.: Bindungsstile in den Familien Drogenabhängiger. Hamburg 2001

SCHLEBUSCH, K.-P. / MARIC-ÖHLER, W. / POPP, F.-A. (2004): Biophotonik beweist erstmals Meridianstruktur auf der Körperoberfläche. < http://med.biophotonik.de> vom 13.09.2004

SCHRÖDER, G. / BRENDEL, T.: Affektkontrolltraining, Qigong Dancing. Norderstedt 2004

SCHRÖDINGER, E.: Was ist Leben? München 1987

SCHWAB, J., J.: Psychodynamische Aspekte der Comorbidität von Süchten und psychiatrischen Erkrankungen. In: NISSEN, G. (Hrsg.): Abhängigkeit und Sucht. Göttingen 1994, 44-53

SEIDENBERG, A. / HONEGGER, U.: Methadon, Heroin und andere Opioide. Bern 1998

TIWALD, H.: Einheit und Wechselwirkung von Emotion, Kognition, Sensorik und Motorik. In: ANDRECS, H. / REDL, S. (Hrsg.): Forschen-Lehren-Handeln. Wien 1976, 231-249

TIWALD, H. (2001): Querverbindungen von Heinrich Jacoby zum MUDO-Ansatz des Bewegenlernens.
<http://www.horst-tiwald.de/sites/jacoby_gindler.htm> vom 24.10.2004

TRETTER, F.: Ökologie der Sucht. Göttingen 1998

WAECHTER, R.L. (2002): Qi and Bioelectromagnetic Energy.
<http://www.qigonginstitute.org/html/dissertations.php> vom 12.09.2004

WATTS, A.: Der Lauf des Wassers. Bern 1976

WATTS, A.: Leben ist jetzt. Freiburg im Breisgau 1998

WEINBERG, P.: Leben im Bewegen (unveröffentlichtes Manuskript). Hamburg

WEINBERG, P.: Der weglose Weg. <www.rrz.uni-hamburg.de/sport/forschung/forschungsbereiche/beWEGungskultur/ebene3_bewegungs kultur.html> vom 17.02.2005

WEINBERG, P.: Kohärentes Bewegen. In: KLEIN, G. (Hrsg.): Bewegung. Bielefeld 2004, 185-198

WIESEMANN, C.: Die heimliche Krankheit. Stuttgart – Bad Cannstadt 2000

WILHELM, R.: I Ging – das Buch der Wandlungen. München 1956

WURMSER, L.: Drogenabhängigkeit als Abwehrmechanismus. In: LETTIEN, D.J. (Hrsg.): Drogenabhängigkeit. Weinheim 1983, 82-94

ZHANG, C.: Elektromagnetic Body versus Chemical Body. In: Network 81 (2003), 7-10

ZÖLLER, J.: Das Tao der Selbstheilung. Bern 1986

ZUBIN, J. / SPRING, B.: Vulnerability – A new View of Schizophrenia. In: ERON, L.D. (Hrsg.): Journal of Abnormal Psychology. Washington 1977, 95 – 124

ZUCKERMAN, M.: Behavioral Expressions and biosozial Bases of Sensation Seeking. Cambridge 1994

Einzelbände

Christian Kunow: Qigong im Alter
ISBN: 978-3-656-18838-4

Anne Merz: Qigong - Das Spiel der Tiere - nach Prof. Jiao Guorui. Qigong mit geistig behinderten Schülern
ISBN: 978-3-640-53642-9

Angela Kowsky: Qigong in der Suchttherapie. Mertens' Modell zur Suchtentstehung und -therapie. Biophotonenforschung
ISBN: 978-3-638-89041-0